KB272287

쇼펜하우어의 사유

고통의 긍정을 통한 진정한 삶의 치유

쇼펜하우어의 사유

고통의 긍정을 통한 진정한 삶의 치유

공병혜 지음

목차 *Contents*

왜 쇼펜하우어인가

육체가 살아있는 한 인간은 욕망의 덩어리이다. 그리고 그 욕망은 삶에 대한 집착이다. 오늘날 우리는 미래의 여파를 예측하기 어려운 첨단 과학기술과 유전공학, AI 등이 삶을 지배하는 시대에 살고 있다. 더 오래 건강하게 살고자 하는 인간의 욕망은 줄기세포 연구 같은 유전공학 덕분에 수명연장이나 죽음의 시기를 조절할 수 있게 되었다.

또한 인간의 욕망은 인간 생명체의 유일한 거처인 지구에서 벗어나 달과 화성 등의 위성을 향해 인류의 시야를 넓혀가고 있다. 인류의 지능은 인간종의 지속과 생존의 도구로서 지금까지 진화해 왔다. 오늘날 최고도로 진화해 온 인간 지능의 산물로서 인공지능과 디지털 정보기술은 통제할 수 없이 자동화된 강제력으로 더욱 새롭고 다양한 모습으로 인간의 욕망을 부추기고 있다. 이렇듯 끊임없이 변신을 거듭해오고 있는 인간 욕망의 모습을 쇼펜하우어는 변신의 신, 프

로메테우스에 비유하기도 하였다.

인간의 욕망은 단지 생존에 필요한 기본적 욕구를 넘어선다. 오로지 지구상에 인간종만이 인식과 사고를 매개로 하여 충족될 수 없는 욕망을 끊임없이 부풀리며 살아가기 때문이다. 돈, 젊음, 미모, 건강과 장수, 지위와 명성, 지식과 더 나아가 자기실현에 대한 형이상학적 욕망까지.

결국 삶의 집착으로 충족될 수 없는 결핍에서 오는 고통과 잠시나마 충족된 상태에서 오는 무서운 공허함과 무료함은 더 견디기 어려운 고통으로 또 다른 새로운 욕망을 일으킨다. 그 고통의 모습도 다양하다. 개인 삶에서의 고통, 집단, 민족, 국가 간의 전쟁, 기후 위기로 인해 몸살을 앓고 있는 자연계의 동식물 등. 오늘날의 인간은 밑도 끝도 없는 욕망에 이끌려 고통을 자초하는 성과사회, 중독사회, 피로사회, 정보사회에 살고 있다.

쇼펜하우어의 철학은 바로 그 욕망과 고통의 근원을 자각하게 한다. 그의 사상은 플라톤, 칸트, 인도철학, 다윈의 생물학적 인간 이해라는 다양한 사상적 전통과의 대화와 비판적 수용과정을 통해 성립되었다. 그러나 거기엔 그 어떤 철학 사상과도 비교할 수 없는 자신의 고유한 삶의 체험에 대한 독특한 감수성이 담겨있다. 쇼펜하우어 철학의 핵심 주제는 오로지 인간 삶의 본질인 고통의 근원에 대한 탐구이다. 그의 사유 전 과정은 우리 삶의 세계를 관통하는 삶의 충동으로서 의지와 그로 인한 고통에 대한 자기 통찰을 담고 있다. 그러나 이것은 이러한 자기 통찰에만 머물게 하지 않는다. 그의 사유는 궁극적으로 고유한 육체에 얽매인 이기적 성향에서 벗어나 타인과 모든 생명체에 대한 동정심을 바탕으로 한 도덕적 삶으로 향한다.

물론 이러한 쇼펜하우어의 사유가 우리 인생의 시기에 항상 와닿는 것은 아니다. 아마도 그의 사유는 지금까지 살아온 자기 삶을 되돌아보며 한 인격으로 성숙해지는 시기에 호소력을 지닐 것이다. 그 시기는 그저 세월에 밀려 세상사에 집착하며 살아온 자기 모습을 타인이라는 거울을 통해 불현듯 발견하는 순간이다. 그리고 이것은 바로 채워지지 않는 인간의 결핍과 연약함과 어리석음, 고뇌의 모습이다.

타인이란 거울을 통해 투명하게 비친 자기 모습에 대한 자각은 타인과 공감하는 세계로 마음이 넓어지게 한다. 이때 우리는 자기 내면에 더 집중하여 중심을 잡고 자기 자신뿐만 아니라 타인, 더 나아가 동식물의 세계로까지 동고(同苦)의 마음을 확장할 수 있지 않을까.

그래서 세상을 향한 자신의 욕망과 고통의 근원을 통찰하고, 이를 잘 다스릴 수 있는 자, 그리고 자기 주위를 헤아려 볼 줄 아는 자가 삶의 지혜를 갖춘 성숙한 인간이 아닐까.

　그렇다면 나 자신, 타인, 동물과 식물, 지구 환경에 이르기까지 동고의 마음을 어떻게 확장해 나갈 수 있을까? 과연 인간은 자신의 무수한 욕망의 모습들을 통찰하고 그것을 다스릴 수 있는 치유의 방식을 찾을 수 있을까? 물론 인간은 몸이 살아있는 한 세상과 부딪히는 온갖 고통을 경험할 수밖에 없다. 그러나 우리는 각자가 경험하는 고통의 근원을 통찰해서 타자의 고통에 동참하고 그것을 줄이고 견뎌내는 삶의 지혜를 쇼펜하우어의 철학을 통해서 배울 수 있다.

　쇼펜하우어의 철학은 오늘날 인공지능, 디지털 정보기술과 유전공학의 발전 등을 매개로 더욱 다양하고 새롭게 변신해 온 인간의 욕망과 고통의 근원에 대해 사고하게 한다. 이 책은 쇼펜하우어의 철학이 담고 있는 의지로서 인간 삶의 모습에 대한 통찰을 통해 실제 삶의 실천적 지혜로 나아가는 길을 안내할 것이다.

　이 책에서 필자는 주로 그의 주저인《의지와 표상으로서의 세계》와 말년에 저술한《부록과 첨가》에 담긴 철학과 삶의 지혜에 대한 그의 주요 생각을 명료하게 인생의 지평 위에서 펼쳐 보고자 하였다. 쇼펜하우어의 삶의 철학이 현시대를 살아가는 누구에게나 삶의 지혜로서, 고통의 치유술로서 사유의 길잡이 역할을 할 수 있으리라는 것은 독자의 몫이다.

01

쇼펜하우어는
어떤 삶을 살았는가

1. 삶의 에피소드

독일 철학자 쇼펜하우어는 1788년 2월 22일 출생하여 1860년 9월 21일까지 살았다. 이 글에서는 그의 사유에 영향을 준 의미 있는 개인적 사건과 그의 실존에 대한 몇 가지 관점들을 이야기해 보도록 하겠다.

쇼펜하우어의 사상이 특별히 독자를 끌어당기는 힘은 그의 독특한 감수성으로, 직접 체험한 삶의 절실한 물음에 대해 사유한 철학자의 용기 때문일 것이다. 그는 자신이 체험한 세상 고통의 근원에 대해 질문한다. 이미 22세 때, 삶은 불쾌한 것이고 자기는 이에 대해 사색하며 인생을 보내기로 결심했다고, 친구에게 고백했다.

젊은 쇼펜하우어의 삶에 결정적 영향을 준 개인적 체험은 무엇이었을까? 그는 1804년 여행기에 실제로 자신의 기억에서 지울 수 없이 강한 인상을 준 체험을 기술한다. 쇼펜하우어는 15세 되던 해, 아버지의 제안으로 유럽 여행을 하면서 이 세상의 온갖 참상을 목격하게 된다. 그중에서도 프랑스 툴롱의 항구에 있는 병기 공장에서 노예선의 선창에 처참하게 묶인 노예들의 고통을 목격하게 되었다.

쇼펜하우어는 불행한 노예들의 운명을 마치 사형선고를 받은 것보다 훨씬 더 참혹하게 느꼈다. 음침한 노예선의 선창에 묶여 있는 노예들의 모습은 그에게 마치 죽음조차도 그들을 구해낼 수 없을 것 같은, 경악을 금치 못할 비참함을 불러일으켰다. 쇼펜하우어는 측은한 피조물의 운명에 깊이 공감하였다. 이들의 모습은 그에게 삶과 고통은 분리될 수 없다는 것에 대한 평생의 표본이 되었다.

유럽 여행을 마치고 함부르크 상인학교에 입학한 1805년, 그의 아버지가 불의의 죽음을 맞게 되었다. 사랑하는 아버지의 예기치 않은 죽음에 대한 쇼펜하우어의 슬픔은 너무도 강렬했다. 한 친구는 그에게 두 번의 편지로 아버지에 대한 슬픔을 가라앉히고 고통을 철학적인 눈으로 보라고 위로할 정도였다. 물론 쇼펜하우어에게 병기 공장 방문, 아버지의 죽음과 같은 실제 겪은 삶의 체험들은 그의 타고난 우울한 기질이나 예민한 성격 때문에 세상을 어둡게 보는 외적인 동기에 불과했을 수도 있다.

쇼펜하우어에게 삶의 행복에 대한 경험이 전혀 없었던 것은 아니다. 1804년 여름, 그는 스위스의 필라투스 산과 독일의 슈네코페 산을 힘겹게 올라 정상에 이르렀을 때 순간적으로 느낀 행복감을 다음과 같이 기술하였다.

내 앞에 놓인 꽉 들어찬 공간으로 처음 시선을 던졌을 때 나는 현기증을 느꼈다. …… 셀 수 없는 시가지들, 마을들, 나직한 골짜기들, 호수들과 빛나는 강들 또는 농지와 산들은 자신의 고유한 색으로 빛났으며, 정신을 잃게 할 정도로 나를 매혹했다. …… 위에서 내려다본 세계는 너무도 특이한 광경이어서, 이것은 근심에 눌려있던 나에게 커다란 위안을 주었다.[1]

쇼펜하우어에게 시시각각 변화하는 자연 속에서 포착된 아름다움은 순간 행복감을 주었다. 그러나 이 행복의 순간은 금방 사라지고 다시 다가오는 개별자의 불행은 과연 무엇이란 말인가? 이러한 질문들은 더욱 끈질기게 그를 사로잡았다. 결국 소년기에 체험한 삶의 전체적인 인상은 1832년 그가 쓴 글을 통해 알 수 있다.

나의 17년 생애 동안 …… 나는 마치 부처가 그의 소년 시절에 이미 병, 늙음, 고통, 죽음을 직시한 것처럼 삶의 비통함을 이해했다. 이 세상에 크게 또렷이 울리는 진리가 내게 영향을 미쳤던 유대인의 도그마를 극복하게 하였다. 그리고 이 세상은 선한 존재자의 작품이 될 수 없다는 것이 나의 결론이다.[2]

---

1) A. Schopenhauer, *Reisetagebücher*, hrsg. L. Lükehaus, Zürich, 1987, p. 196.
2) A. Schopenhauer, *Der handschriftliche Nachlass*, hrsg. A. Hübscher, B.IV. Frankfurt a.M, p. 96.

2. 고독과 자신감

　쇼펜하우어와 교류한 동시대 사람들은 그를 어떻게 생각했을까? 특히 쇼펜하우어의 어머니에게 아들은 고집스럽고 험상궂었으며, 비사교적이고 침울한 기분을 느끼게 하였다. 그녀는 쇼펜하우어의 정신적 능력을 확신했지만, 함께 사는 것을 힘들어했다. 그는 어머니의 몰이해와 거부감을 경험하면서도 자신의 영혼이 흔들리지 않게 지키고자 했다. 사실 외부 세계가 그에게 주는 모욕은 그다지 고통스러운 것이 아니었다. 오히려 그는 자신에 대한 외부의 평판을 거부하고 스스로에 몰두하기 시작했다.

　쇼펜하우어는 26세에 이미 동시대인들과 사고를 교류하는 것을 매우 힘들어했고, 그 경험이 지속될수록 더욱 강렬하게 고독을 원하게 되었다. 그에게 고독은 사회성의 결여로 홀로 있는 것이 아니라, 오히려 의식적으로 자신의 고유한 인격에 집중하게 하였다. 그는 노년에 그를 유명하게 한 《부록과 첨가》에서 다음과 같이 서술한다.

누구나 오로지 혼자일 때만 온전히 그 스스로가 될 수 있다. 고독을 사랑하지 못하는 자는 자유를 사랑하지 못한다. 왜냐하면 단지 혼자일 때만 인간은 자유롭기 때문이다. 강제는 모든 사회의 필수 불가결한 동반자이다. …… 인간을 사교적으로 만드는 것은 고독 그 자체 속에서 스스로 못 견디는 무능력 때문이다.[3]

쇼펜하우어는 자신이나 타인에게 자기 생각의 정직함을 굽히지 않았다. 이를 숨기면서까지 상대방을 고려한다는 것은 그에게 너무도 잔인한 일이었다. 그에게 지적으로 정직하지 못한 사람들과 교제한다는 것은 자신을 거부하는 것이었다. 그런데도 그는 간절히 누군가와의 진실한 사고의 교류를 원했다. 자기 생각을 솔직하게 전달하고 싶었지만, 누가 과연 그에게 귀를 기울이려고 했던가.

실제로 쇼펜하우어는 대화 상대자로서 괴테를 발견할 때까지 이러한 기회를 애타게 기다렸다. 괴테는 오랫동안 독자의 무관심 속에 있던 쇼펜하우어가 보낸 《의지와 표상으로서의 세계》를 단숨에 읽었다. 그리고 그는 특히 쇼펜하우어의 사물의 본질을 드러내는 독창적인 사유와 투명한 서술 방식 그리고 그의 문체와 언어에 대해 극찬하였다. 괴테는 쇼

---

3) A. Schopenhauer, *Parega und Paralipomena: Kleine philosophische Schriften*, Bd.IV. hrsg. L. Lükehaus, Zürich, 1988, p. 416.

펜하우어 자신의 천재적 가치를 이 세상에 선사하라는 시를 그에게 헌정하기까지 하였다.

진실한 글쓰기

쇼펜하우어가 무엇보다도 강조한 것은 진실한 글쓰기였다. 그는 《부록과 첨가》에서 자신의 진실한 사고는 오로지 글쓰기를 통해 중요한 가치를 부여받는다고 했다. 우리의 사고가 중요하고 진실하다고 확신한다면, 인내심을 가지고 가장 명확하고 아름다운, 강력한 표현을 생각해 내야 한다. 그때 비로소 그 사유는 감동적으로 다른 사람에게 전달될 수 있는 것이다.

사랑하는 사람도 보지 않으면 멀어지듯이, 현재 사고하는 것도 명료하고 아름다운 언어로 기록해 두지 않으면 자신에게나 독자에게 아주 잊혀 버린다. 그래서 사유의 생명력은 이에 적합한 명료한 언어를 발견할 때까지 지속된다.

그는 특히 자신의 사유에 대한 명료한 거울로서 비유 혹은 은유를 삶의 체험 속에서 발견하여 사용한다. 그러나 사유가 단지 다른 사람들과 소통하기 위한 통상적 언어로 표현되어 버리면, 그 사유는 우리 속에서 빠져나가며 멈춰버리고 만다. 그래서 개성이 거부되는 사교적인 대화에서는 자신의 사고를 명료하게 표현할 수 없게 된다. 이것이 그가 사교적인 대화를 거부한 이유이기도 하다.

쇼펜하우어가 자신의 사고를 명료하고 아름답게 표현하는 언어를 추구하며 저술한 이유는 언제, 어디선가 참된 독자를 만나리라는 자기 확신이 있기 때문이었다. 그는 자신처럼 고뇌하는 인간에 대한 깊은 연민을 가지고 분명 자기를 이해해 줄 누군가가 있다고 확신했다. 그래서 동시대의 동료를 의식하지 않고 오히려 자립적으로 사고하며, 고독을 각오하는 책임감 있는 진실한 독자를 위해 책을 쓰고자 하였다.

인간 본성에 대한 감수성

쇼펜하우어의 철학은 인간을 교화하거나 세상에 대한 그 어떤 깨달음을 전달하고자 하지 않는다. 그는 그 어떤 기존의 사유 체계에 기대지 않는 세계 감정을 정직하게 표현하고자 하였다. 또한 프로이트보다 먼저 무의식적 인간의 본성을 의지의 철학으로 파고들었다. 그에게는 타고난 예민한 감수성과 성격으로 이러한 인간의 본성을 예리하게 통찰하여 이를 투명하게 전달하는 능력이 있었다. 이러한 능력 때문에 그토록 후대에 강력한 영향력을 발휘할 수 있었던 것이다.

그는 주위 사람들의 삶에 대한 예리한 관찰자로서 자신과 그들의 인간적인 약점과 결핍에 대해 깊은 동정심을 가지고 있었으며, 그 어떤 외부 평판에 굴하지 않는 자신의 철학에 대한 강한 자긍심을 가졌다.

쇼펜하우어는 26세 때부터 4년 동안 4권으로 구성된 《의지와 표상으로서의 세계》를 저술하는 데 몰두하였다. 그는 이 책이 지닌 독창적인 사유 체계와 전개 방식에 대해 대단한 자부심이 있었다. 그러나 1819년 출판된 이 책은 오랫동안 주목받지 못했으며, 16년이 지난 뒤에는 대부분 헐값에 팔렸다. 그는 세상의 무관심에도 불구하고 불행해하지 않았다. 자신의 천부적인 지적 천재성이 언젠가는 평가받게 될 것이라고 위안했다.

쇼펜하우어를 유명하게 한 저서는 그가 63세의 늦은 나이에 쓴 《부록과 첨가》라는 에세이집이다. 이 책은 아리스토텔레스의 '행복론'을 바탕으로 자신의 생각을 재구성하여 고통에 대처하고 극복하기 위한 삶의 지혜와 처세술을 정리한 수필집이다. 《부록과 첨가》가 명성을 얻게 되면서 31세 때 출간한 《의지와 표상으로서의 세계》도 덩달아 세계적인 고전의 반열에 오르게 되었다.

《의지와 표상으로서의 세계》는 고통의 원인과 본질에 대한 논의를 통해 삶의 비극에 대한 통찰을 주는 형이상학적 저술이다. 반면《부록과 첨가》에세이집은 덜 불행하고, 덜 고통스럽게 살기 위해 인격을 갖추는 것이 행복한 삶이라는 실천적 지혜를 주는 책이다. 그는 이 책에서 실천적 지혜를 지닌 인격을 갖추기 위해 숙고할 수 있는 예비책과 대안을 보여주었다.

쇼펜하우어는 노년에 이르러서야 자신이 통찰한 삶의 고통을 견뎌내는 지혜를 이야기할 수 있었다. 이는 타고난 자신의 천재성에 대한 그의 자긍심과 확신, 오랜 세월 동안 고독 속에 온전히 집중해 온 정직한 삶의 태도 때문일 것이다. 사실 그는 노년에 거의 낙천주의자처럼 보일 만큼 삶에 만족했다.

젊은 시절 고통의 원인인 삶의 비극성을 설파한 철학자는 노년에 다음과 같이 말한다.

> 나는 오래 살 것이다. 나의 긴 숙면과 건강한 위장이 이것을 말해 준다. 나는 90세까지 살고 싶다. 80세가 되어서도 죽음은 아직 내겐 부자연스러운 것이다. 90세가 되어서야 삶과 죽음이 고요히 겹칠 것이다.[4]

---

4) Water Abendroth, *Schopenauer*, Reinbeck, 1967, p. 119.

그는 삶의 마지막에 이르러 그 누구에게도 흔들리지 않았고, 그 어디에도 예속되지 않았다고 자신의 삶을 회고하였다. 니체는 한때 자기에게 쇼펜하우어는 그 누구에게도 예속되지 않은 위험한 바다와 같은 존재였지만, 자신은 육지를 보았으며 이제 한순간도 육지의 길과 위험한 바다를 착각하지 않았다고 고백했다.

3. 철학에서 바라는 것

쇼펜하우어의 독창적 철학 저서인 《의지와 표상으로서의 세계》는 '전혀 삶의 희망을 품을 수 없게 하는 책'이라는 혹독한 비난을 받았다.

그는 사람들이 자기를 마치 먼 달나라에 가 있는 이방인처럼 느꼈을 것이며, 자신의 철학이 동시대 강단 철학의 벽에 부딪힐 거라는 것을 잘 알고 있었다. 그러나 그는 언젠가 후대의 독자들이 이 책에서 비밀스러운 진실을 읽어낼 것이라고 믿었다.

그렇다면 철학에 관심이 있는 독자들조차—그 당시 칸트, 헤겔 등을 통해 새로운 사고에 접했음에도 불구하고,—왜 그의 철학을 외면했을까?

쇼펜하우어는 사람들의 기대에 따라 글을 쓰는 것이 아니라 자기 최상의 지적인 정직성이 요구하는 대로 글을 썼다. 그는 이 책을 기존에 그 어떤 두뇌도 사유하지 않았던 것을 새로운 언어로 서술한 인간 현존재의 전체 의미가 담긴 성과라고 표현했다.

그의 철학은 추상적인 개념으로 이루어진 체계 철학이 아니라 직접 마주한 세계에 대해 깨어 있는 인식과 삶의 체험을 통해 이루어진 것이다. 그래서 그는 유고작에서 자신의 철학을 체계적 원리를 지닌 학문이라기보다는 일종의 **예술**이라고 말한다.

여기서 예술이란 단순한 기교적 기술도, 아름다움의 재현도 아닌, '맹목적인 삶의 충동'인 '의지로서의 세계'를 이해하기 위한 열쇠이다. 쇼펜하우어는 자신의 철학이 이러한 보편적 의지가 펼쳐지는 **세계**라는 광경을 구경하고 이를 해독하는 목적에 이바지할 수 있다고 자신했다. 놀랍게도 학계에서 외면하던 그를 오랜 시간이 흐른 후 단숨에 그 침묵을 깨고 대중 철학의 창시자가 되도록 지속적으로 도와준 자들은 예술가와 법률가들이다.

그는 이 세상에서 삶의 불행과 그 원인을 알리는 전령사지만, 자신에게 삶을 긍정하는 격렬한 의지를 부정할 수는 없었다. 여기서 삶이란 추상적이며 보편적 현상이 아니라, 개별자의 생생한 실존적 삶을 의미한다.

쇼펜하우어는 삶의 행복에 관해서도 이야기한다. 인간이 미래에 대해 극단적으로 걱정하게 되면 결국 현재의 행복한 순간을 놓치게 된다는 것이다. 그래서 그는 자신 앞에 놓인 현재의 실존적 삶에 몰두할 것을 호소한다. 삶의 지혜의 가장 중요한 지점은 우리가 현재와 미래를 위해 사는 올바른 관계에 있기 때문이다.

그는 현재만이 오로지 실재적이며 확실하다는 것을 절대 잊어서는 안 된다고 강조한다.

그리고 그의 주요 저작에는 삶의 비극성 이면에 희망을 품은 위로가 담긴 삶의 확신과 지혜가 숨어 있다. 1818년 쇼펜하우어가 직접 쓴 〈소네트〉가 이를 말해 주고 있다.

오랜 겨울밤은 끝나려 하지 않는다.
제발 겨울밤이 끝나고, 햇빛이 머물 수 있다면.
폭풍이 올빼미와 함께 경쟁하듯 울고
허물어진 벽 가에서 무기들이 철그렁거린다.

무덤들이 열리며 자신들의 유령들을 보낸다.
이들은 내게로 와 원을 돌리려고 하고,
내 영혼은 치유될 수 없음에 깜짝 놀란다.
그러나 나는 이것에 시선을 돌리지 않겠다.

낮, 낮을 아주 소리 높여 알리고자 한다!
밤과 유령들은 한낮 앞에 달아날 것이다.
이미 샛별은 낮을 알린다.

곧 밝아질 것이다, 아주 깊은 근원으로부터:

세상은 광채와 색으로 덮일 것이다,

깊은 푸르름이 무한하게 먼 곳까지.[5]

---

5) A. Schopenhauer, *Parerga und Paralipomena: Kleine philosophische Schriften II*, hrsg. L. Lükehaus, Zürich, 1988, p. 562.

02

내가 사는 이 세계는
어떤 모습인가

1. 표상으로서의 세계

세계는 나의 인식하는 의식 속에 있다

쇼펜하우어의 《의지와 표상으로서의 세계》를 관통하는 거대한 주제는 바로 **세계**다. 이 세계란 신에 의해 창조된 것도, 물리적-화학적 총체로서의 실재 세계도 아니라 당연히 내가 육체를 가지고 사는 '**나의 세계**'이다. 그래서 그의 사유 출발점은 자신에 의해 인식되고 경험되는 세계이다.

> …… 인간이 태양을 알고 대지를 아는 것이 아니라, 단지 태양을 보는 나의 눈이 있고, 대지를 느끼는 나의 손이 있다는 것, 인간을 둘러싸고 있는 세계는 표상으로서만 존재할 뿐이라는 것, …… 그래서 이 세계는 표상하는 자와 관계함으로써만 존재한다.[6]

---

6) A. Schopenhauer, *Die Welt als Wille und Vorstellung I*, hrsg. L. Lükehaus, Zürich, 1988, §1, p. 31.

우리가 경험하는 태양이나 대지는 실재 그 자체가 아니라 살아 있는 '나'와 관계하여 경험되는 현상이다. 그래서 이 세계란 나의 신체와 정신에 의해, '인식하는 의식'에 의해 표상된 세계이다. 나의 인식하는 의식에는 감성과 지성, 그리고 이성이 있다. 우리는 눈, 코, 귀 등의 감각기관을 통해 들어온 외부 세계의 감각 자료를 시간과 공간, 즉 주관의 감성 형식을 통해 대상으로 지각한다. 그리고 지성에 의한 인과율에 따라 대상을 직관적으로 경험한다.

예를 들어 우리가 '한낮의 태양 빛이 뜨겁다'라고 경험하는 것은 직관적 인식이다. 우리의 이성은 직접적인 경험과 관계하지 않고 개념과 판단이라는 사고의 추상적 작용에 관계한다. 이성은 개념을 매개로 한 추상적 사고를 한다. '태양 열을 에너지로 사용한다.' 이것은 이성에 의한 추상적 인식이다.

쉽게 말해 우리가 직접 경험하는 세계는 나의 '인식하는 의식'에 의해 선천적으로 주어진 '시간과 공간' 그리고 '인과율'에 의해 나타나는 현상이다. 그래서 나의 의식이 없다면 세계를 경험할 수 없다. 시간과 공간이라는 감성의 직관 형식이나 지성의 인과율(생성의 법칙)은 우리 외부에 존재하는 것이 아니라 의식 속에 선천적으로 주어진 것이다. 그래서 우리가 경험하는 세계는 '나의 인식하는 의식'에 의해 표상된 것이다.

우리는 신체를 통해 들어온 감각 자료들을, 상태를 지속하게 하는 시간과 위치를 정해주는 공간의 통일을 통해 지각한다. 그리고 동시에 시간이 흘러감에 따라 변화하는 물질적인 상태를 지성의 인과율(원인과 결과의 법칙)에 의해 직관적으로 파악한다. 다시 말해서 우리의 외부 세계는 우선 신체적 감각기관, 즉 시각, 청각, 미각 등에 의해 감각 자료들로 수용된다. 그러나 이러한 색, 소리, 냄새, 맛 등이 사물이나 사건으로 발생하여 직관적으로 경험하게 하는 것은 주관의 시간과 공간, 인과율에 따른 것이다.

예를 들어, '나는 하얀 눈이 내리는 들녘에서 차가운 바람을 맞으며 걷고 있다.' 즉 내가 하얀 눈이 내리는 들녘에서 차가운 바람을 직관적으로 경험하는 것은 내 안의 선천적으로 주어진 시간과 공간이라는 직관 형식과 지성의 인과율에 의한 것이다.

그래서 우리는 외부에서 발생하는 모든 생성과 변화를 바로 나의 의식 속에 선천적으로 주어진 '공간과 시간 그리고 인과율'에 의해 경험할 수 있다. 특히 지성의 인과율에 의해 외부 자연의 물질 변화를 응집력, 자력, 탄력성, 유동성으로 경험한다. 식물에서는 유기적 생명력으로서 자극과 반응, 동물에서는 행위 동기로서의 의욕을 지성의 인과율에 의해 경험하는 것이다. 이를테면 크리스털 형성이나 나팔꽃이 피고 지며, 동물들이 먹잇감을 좇아가는 모습을 직관적으로 경험할 수 있는 것이다.

나의 지성과 신체

이제 지성과 신체의 작용에 대해 살펴보자. 인간이나 동물은 모두 지성을 지닌다. 우리는 신체를 통해 외부 세계를 보고, 듣고, 촉감을 느낄 뿐만 아니라 배고픔이나 갈증을 경험한다. 이러한 신체적 경험은 외부 세계에 대한 직접적인 경험이며, 갈증과 배고픔과 같은 나의 의욕을 직접적으로 드러낸다.

특히 인간 행위의 동기는 의욕이다. 나는 '의욕 하는 자'이다. 여기서 바로 의욕을 일으키는 **'무의식적 의지'**가 출현한다. 이 무의식적 의지는 맹목적으로 살고자 하는 충동으로 모든 생명체의 근원이다. 그러나 우리는 **그 의지 그 자체를 알 수 없다.** 그것은 오로지 나의 의식 속에 표상된 의욕으로 자각되는 것이다.[7] 행위의 동기로 작용하는 나의 의욕은 직

---

7) 쇼펜하우어는 생명력의 근원으로서 의지를 칸트의 '물 자체'로 이해한다. 즉 의지 그 자체는 인식할 수 없고, 나의 의식 속에 들어왔을 때, 현상으로 인식되는 것이다.

관적 인식이나 사고를 매개로 의식적인 행위로 나아가게 한다. 무엇이든 하고자 하는 나의 의욕에는 맹목적으로 살고자 하는 근원적 의지가 있는 것이다.[8]

쇼펜하우어는 '인식하는 의식'과 관련하여 인과율에 따라 사물을 직관적으로 경험하게 하는 지성뿐만 아니라, 추상적이며 반성적 능력으로서 이성에 대해 말한다. 이성은 신체를 통해 직관적으로 경험한 것을, 개념을 통해 판단하고 추론하여 사고할 수 있게 한다.

나의 표상으로서의 세계

그래서 '나의 표상으로서의 세계'란 나의 시간과 공간, 근거율이라는 인식 조건에 의해 경험되는 세계이다. 개별자로서의 우리가 인식하고 경험하는 세계는 바로 세계 그 자체가 아니라, 내 인식의 조건에 의해 드러난 **표상일 뿐이다.** 그런데 쇼펜하우어에 의하면 이 세계가 그저 '나의 표상'이라는 것을 깨닫는 것은 마치 꿈에서 깨어나는 순간과 같다고 한다. 이것은 과연 어떤 의미를 지니는 것일까?

---

[8] 모든 생명력의 근원이 되는 '의지 그 자체'에 대한 통찰이 앞으로 전개될 쇼펜하우어 의지의 형이상학적 기반이 된다.

인생과 꿈들은 이른바 책장들이다. 연관성을 가지고 읽는 것은 현실적인 삶이다. 그러나 그때그때 읽다가 휴식 시간이 되면, 우리는 자주 한가하게 책장을 넘기며 펼쳐 본다. 질서와 연관성도 없이, 여기저기 책장들을 펼쳐 보기도 한다. 이미 읽은 곳이 펼쳐지기도 하고, 아직 읽지 않은 곳이 펼쳐지기도 하지만, 그것들은 항상 같은 책에 있다.[9]

우리는 가끔 내가 사는 세계가 실재가 아니라 단지 나의 표상일 뿐이라고 자각할 때가 있다. 인생이란 마치 책이라는 표상의 세계 속에서 책장들이 펼쳐지는 것과 같다. 이것을 자각하는 순간이 마치 꿈에서 깨어나는 순간과 유사하다는 것이다. 그리고 이러한 자각은 표상의 세계에 뿌리를 둔 **자기 삶에 대해 근원적 반성을 한다.**

인간만이 지니는 이성

인간만이 표상의 세계 속에 사는 자신을 자각한다. 바로 이러한 자기반성 능력이 다른 동물에게는 없는 이성이다.

---

9) A. Schopenhauer, *Die Welt als Wille und Vorstellung I*, hrsg. L. Lükehaus, Zürich, 1988, §5. p. 49.

…… 지구 위에 있는 모든 생물 가운데 오직 인간에게만 다른 인식 능력이 출현한다. 그것은 아주 새로운 의식으로, 반성이라고 불리는 것은 매우 적절하다. …… 이 새로운 의식은 인간의 의식을 동물의 의식과 구분하게 함으로써, 지상에서의 인간 모든 행동을 그의 비이성적인 동료들의 행동과는 확연히 구별되는 신중함을 인간에게 부여하는 유일한 것이다.[10]

인간에게만 부여된 유일한 능력으로서의 이성은 감각적 인상과 직접 교류하지 않으며, 반성과 숙고와 관계한다. 물론 인간뿐만 아니라 동물도 지성에 의한 직관적 경험을 할 수 있다. 동물도 훈련받아 지각 이미지로부터 개별적 반응을 추론할 수 있는 것이다. 그러나 이것은 지성의 인과율에 따른 직관적 능력이다. 인간만이 직접적인 현존의 경험을 뛰어넘어 이에 대한 반성과 숙고를 한다.

동물들은 현재 속에서 산다. 그러나 인간은 미래와 과거 속에서도 산다. 동물들은 눈앞의 욕구만을 해결하지만, 인간은 가장 적절한 준비를 통하여 자신의 미래뿐만 아니라 체험할 수 없는 시간에 대해서까지 배려한다.[11]

---

10) A. Schopenhauer, *Die Welt als Wille und Vorstellung I*, hrsg. L. Lükehaus, Zürich, 1988, §8. p. 72.
11) 위와 같음.

인간은 직관 능력만을 지닌 동물과 달리 이성적 사고나 상상을 통해 미래에 자신에게 닥칠 어떤 상황에 대해 준비할 수 있다. 이를테면 자살이나 위험한 모험을 실제로 행하기 전에, 그로 인한 삶의 위협을 상상해 보거나 평가해 보고 이에 대한 계획을 세워보는 것이다.

이성적 사고가 항상 필연적으로 선한 행위를 인도하는 것은 아니다. 우리의 이성은 선한 것을 계획할 수 있는 것처럼 악한 것도 계획할 수 있고, 그 실행을 준비할 수도 있다. 그래서 이성은 반드시 덕이 있는 행위로 이끌지 않는다. 물론 스토아학파에서는 이성의 올바른 사용이 고통이나 불행의 출처를 인간에게 해명해 줄 뿐 아니라, 행복한 삶을 추구하는 덕이라고 여겼다. 최고의 덕의 실행은 행복의 성취에 있기 때문이다.

쇼펜하우어는 이러한 이성의 올바른 사용에 대해 낙관적인 믿음을 갖지 않았다. 이성이 선하게 사용되기보다 오히려 이기심의 충족을 위해 악의적으로 사용되어 인간에게 해악을 미칠 수 있기 때문이다.

그렇다면 이성은 과연 인간 삶에 어떤 실천적 유용성을 지닐 수 있는가? 여기서 우리는 이성의 반성적 사고가 인간 삶에 실천적으로 유용하기보다는 오히려 방해될 수 있는 상황도 생각해 볼 수 있다. 누군가 정확한 법칙을 생각하면서 공놀이하는 경우, 그가 반드시 공놀이를 잘하는 것은 아니다.

생각하는 것에 길들이지 않은 야만인이나 미개인들은 반성적인 유럽인들이 도저히 도달할 수 없는 정확성과 속도로 여러 가지 육체적인 운동을 하고 동물과 싸우며 활을 쏜다. 유럽인이 그들을 도저히 당할 수 없는 것은 바로 반성으로 인해 마음이 동요하고, 주저하게 되기 때문이다.[12]

이성의 반성적 사고가 오히려 행위에 방해가 될지 모를 상황에서 동물적인 직관은 현재 상황에 적합한 행위를 이끄는 데 유용하다. 그러나 동물과 구분되는 인간만이 지닌 이성의 반성적 능력은 미래를 예측하여 계획하고, 과거를 바라보며 정리하는 능력에서 드러난다. 이성은 우리의 삶을 전체적으로 조망하게 한다. 이성은 이 세계에서 위치한 자기 자신을 통찰하여 행위로 이끌 수 있다.

인간이 이성을 지니고 있어 동물보다 우세한 것은 삶을 모든 측면에서 전체적으로 조망할 수 있다는 것이다. 이 조망은 인생행로에 대한 기하학적이며 색이 없는 추상적인 축도와 비교할 수

---

12) A. Schopenhauer, *Die Welt als Wille und Vorstellung I*, hrsg. L. Lükehaus, Zürich, 1988, §12, p. 98f.

있다. 인간과 동물과의 관계는 마치 해도나 나침반에 의해 그때마다 자신의 위치를 정확히 알고 있는 항해하는 선장 그리고 단지 파도와 하늘만을 바라보고 항해하는 무지한 뱃사람과의 관계와 같다. 그래서 인간이 **구체적인** 삶을 살 뿐 아니라, 이차적으로 추상적인 삶을 사는 것은 놀랄만한 사실이기도 하다. 구체적인 삶에서 인간은 동물처럼 현실의 폭풍과 현재의 영향에 따라 추구하고, 고통받고, 죽는다. 그러나 **추상적인** 삶은 …… 그가 살고 있는 구체적인 삶에 대한 고요한 반영이며, 방금 언급한 축도이다.[13]

---

13) 같은 책, §16, p. 134.

2. 의지로서의 세계

의지란 무엇인가

세계는 실재가 아닌 '나'의 표상으로 경험된다. 그러나 이 세계 배후에 그 어떤 본질적인 것이 있다. 그것이 바로 '맹목적인 삶의 충동인 의지'이다. 의지 그 자체는 나의 시간과 공간, 인과율에 의해 파악될 수 없다. 그러나 쇼펜하우어는 의지를 세계의 근원으로 가정한다.

그래서 의지 그 자체는 '나'의 표상이 아니다. 그러나 그 의지는 모든 생명체의 개별적인 운동을 통해 경험된다. 즉 식물은 성장하고, 자석은 북쪽으로 향하며, 인간의 눈은 위쪽을 바라보고, 위는 배고픔을 느낀다. 그 의지 자체는 모든 생명 운동의 근원이지만, 맹목적이며 무의식적으로 작용한다.

예를 들어 새가 알을 위해 둥지를 트는 것이나 달팽이가 집을 짓는 것은 외부로 향한 '생명의 형성 충동'으로 의지의 작용이다. 인간이 먹고 자는 생존 활동과 성장 과정에서도 이와 똑같은 의지가 작용한다. 그래서 의지는 크리스털이 자

신의 특수한 형태를 형성하고, 식물이 성장하며, 동물적 본
능이나 인간의 합리적 동기에 의한 행위를 할 때도 동일하게
언제나 내적인 생명의 원리로 작용한다.

의지는 생명을 산출하는 형성 충동의 힘이다. 무생물에서
인간 개별자에 이르기까지 이 세상에 존재하는 모든 것은 이
러한 의지가 각각의 고유한 생존 방식으로 다양하게 형태화
된 것이다. 그래서 인간은 다른 생명체보다 가장 진화하고
개별화된 형태를 지녔지만, 결국 의지가 다양하게 객관화된
개별적 현상에 불과할 뿐이다.

> 의지는 수백만 그루의 참나무에서처럼 한 그루의 참나무에서도
> 같은 정도로 자신을 완전히 구현한다. 참나무의 수, 즉 시간과 공
> 간 내에서 나무의 수와 다양화는 의지의 관점에서 별로 중요하
> 지 않다. 참나무의 수는 오직 다양성이라는 점에서만, 시간과 공
> 간에서 인식하고 스스로 다양화하며 분열한 개별자들인 것이
> 다.[14]

그렇다면 과연 이러한 모든 다양한 생명체에서 작용하는
보편적 의지를 어떻게 경험하는가? 우리는 육체를 통해 직

---

14) A. Schopenhauer, *Die Welt als Wille und Vorstellung I*, hrsg. L. Lükehaus, Zürich, 1988,
§25, p. 185.

접적으로 **전체 세계의 본질로서 의지**와 결합하고 있음을 느낀다. 여기서 의지란 우리가 일반적으로 알고 있는 인간의 특정한 행위를 계획하고, 실현하기 위해 동기를 부여하는 능력이 아니다. 의지는 나의 몸을 통해 직접적으로 구현된다. 잡으려는 의지는 손을, 보려는 의지는 눈을, 먹으려는 의지는 소화기관을 발달시킨다. 또한 무엇을 인식하려는 의지는 뇌를 발달시킨다. 그래서 신체의 각 부분은 의지가 나타나는 욕구와 완전히 일치하게 된다. 인간이나 동물 신체의 각 부분인 치아, 목구멍, 식도, 창자 등은 식욕을, 생식기는 성욕을 구현한다. 인간의 지성은 신체의 한 부분인 뇌의 작용인 것이다.

> …… 따라서 신체의 부분들은 의지가 표현되는 여러 주요 욕구들과 완전히 상응해야 하며, 이러한 욕구들에 대한 가시적 표현이어야 한다. 이와 목구멍과 내장들은 객관화된 배고픔이다. …… 물건을 잡는 손이나 재빠른 발은 인식을 매개로 의지를 드러내고자 하는 노력에 상응한 것이다.[15]

이렇듯 의지 그 자체는 나의 신체 활동을 통해 직접적으로

---

15) 같은 책, §20, p. 161f.

생리적 욕구나 대상에 대한 욕망을 표현한다. 그리고 의지는 뇌의 활동인 인식 작용을 매개로 하여 행위의 동기로 표현된다. 즉 욕구가 신체적 기관과 일치하는 경우, 욕구는 지성의 작용보다 먼저 일어난다. 배고픔에 대한 욕구는 외부의 먹거리에 의해 일어나는 것이 아니라, 위장을 통해 직접적으로 표현되는 것이다.

의지는 어떻게 세상에 드러나는가

보편적 의지는 이 세상에서 가장 적합하고 분명하게 생명력을 드러내고자 하는 형성 충동이다. 쇼펜하우어는 이 의지가 이 세상에서 분명하게 개별화된 모습으로 드러내는 정도의 차이에 따라 다양한 의지 객관화의 단계를 설명한다. 다시 말해 의지가 이 세상에 모습을 드러내는 것은 가장 낮은 단계인 물질계의 돌이나 식물로부터 높은 단계인 동물이나 인간에 이르기까지 무한한 등급을 지닌다.

우리는 각 단계에 속한 의지의 현상으로서 개별자를 개별화의 원리와 인과법칙에 지배받는 표상의 세계 속에서 경험한다. 예를 들어, 나는 수많은, 항상 푸른 소나무라는 개체들을 내 표상의 세계 속에서 경험하는 것이다.

그런데 이러한 개별화가 이루어지는 표상의 세계에서 경험할 수 없는 사물의 영원한 형식이 존재한다. 이것은 일종의 '**플라톤적 이념**'이다. 이 이념들은 생명의 근원으로서의 의지가 가장 순수하고 완전하게 직접적으로 표현된 **사물의 본질**이다. 그러나 우리는 시간과 공간 인과율이 지배하는 표상의 세계에서는 이념을 경험할 수 없고, 단지 무수한 개별자로 다양화된 것을 경험하는 것이다.

여러 마리의 말이 풀밭에서 풀을 뜯고 있는 것을 경험한다고 가정해보자. 여기서 우리가 경험하는 것은 말의 본질로서의 이념이 아니라, 각각의 개별자, 즉 이 말, 저 말이 이 시간, 저 장소에서 움직이며 풀을 뜯는 모습이다.

쇼펜하우어는 보편적 의지가 이 세상에서 객관화되어 모습을 드러내는 단계를 무기물, 식물, 동물, 인간으로 나눈다. 가장 낮은 단계의 무기물에서 의지의 본질은 보편적인 자연력이다. 이는 불가입성 혹은 응집력, 유동성, 전기, 수축성, 자성, 중력처럼 개별성을 지니지 못하는, 어둡고 둔한 인식이 없는 충동으로 표현된다.

식물의 영역에서도 의지는 자극과 반응이라는 인식이 없는, 어둡게 충동하는 힘으로 작용하며, 영양분 섭취를 통한 생명 보존과 성장 활동으로 드러난다. 하지만 의지가 객관화되는 단계가 동물의 단계로 높아질수록 의지의 충동은 직관적 인식을 동반한 본능적 행위로 개별자를 통해 명료하게 나타난다. 먹이 사냥감을 직감하고 쫓고 쫓기는 동물의 본능적 행위는 강렬한 의지의 표현이다.

의지의 객관화가 가장 완전하게 이루어진 **인간의 단계**에서는 지성과 이성이 발현된다. 동물과 인간에게서 직관적이나 반성적 인식이 개체 보존과 종족 보존을 위해서 더욱 강한 욕망의 수단으로 작용한다. 그러나 인간은 특별히 지성과 기억, 그리고 이성에 의해 신중하게 미래를 예측하고 과거를 되돌아볼 수 있다. 그럼에도 인간의 이러한 인식도 궁극적으로는 맹목적이고, 살고자 하는 무의식적 의지에 기여할 뿐인 것이다.

이처럼 의지의 객관화가 낮은 단계일수록 의지의 형성 충동은 어둡고 둔하며 개체성을 지니지 못한다. 그러나 의지의 객관화가 높은 단계로 갈수록 형성 충동은 더욱 명료하게 개별적 특성으로 발현된다. 즉 돌이나 광물 등의 무기물에서는 응집력, 중력 등의 자연력이 개별적 특성이 없이 둔하게 드러난다. 그러나 인간의 단계에 이르게 되면, 의지의 충동은 개별자의 개성적 기질과 성격을 통해 가장 명료하게 출현하는 것이다.

자연의 세계에서 의지의 충동은, 무기물에서 자연력의 긴장 관계로, 식물에서는 자극과 반응이 일어나는 생명력으로 나타난다. 특히 동물과 인간 행위의 동기를 일으키는 의욕 중에서 생식욕은 가장 강렬한 삶의 충동이다. 이는 자기 보존을 넘어서 인류의 종족 보존으로 이어지게 한다.

결국 자연의 세계에서 수없이 많은 종과 개별자들은 의지의 충동을 가장 적합하게 드러내고자 치열한 생존 투쟁을 벌이며 다양한 형태로 진화하게 된다. 이 과정에서 동물들은 가차 없이 식물들을 식량으로 사용하고, 인간 역시 서로를 탈취하는 자연 충동의 사슬에 결속되어 종의 보존을 위해 투쟁한다.

3. 의지의 세계 속 인간

쇼펜하우어는 인간의 지성이나 이성도 결국 의지 그 자체에서 출현하여 진화된 신체의 뇌의 작용에 불과하다고 말한다. 인간의 뇌 속에서 고유한 자의식이 생기면서 의지는 인식 의욕으로 객관화되기 때문이다.

다시 말해 의지의 표현이 최고도로 진화된 인간 뇌의 작용은 의식을 형성하고 거기서 시간과 공간, 인과성이라는 형식을 통해 세계를 표상한다. 그래서 생명 충동으로서의 의지는 이러한 인간의 의식 속에서 인식을 매개로 무언가에 대한 의욕으로 출현하는 것이다. 그리고 이러한 인간의 의욕은 이성 작용을 매개로 개성을 통해 더욱 뚜렷하고 분명하게 표현된다. 결국 인간의 지성이나 이성에 의한 인식은 살고자 하는 맹목적인 의지의 충동에 봉사할 뿐이다.

쇼펜하우어는 인간의 의지를 마치 걷지 못하는 사람을 어깨에 메고 가는 힘센 맹인에 비유한다. 그는 어딘가 가고 싶지만, 그곳에 갈 수 있는 길을 찾지 못한다. 그래서 힘센 맹인은 앞을 볼 수 있는 사람을 어깨에 메고, 그에게 자기가 가고 싶은 목표 지점을 알려준다. 걷지 못하는 사람은 그에게 목표 지점으로 가는 길을 안내한다. 여기서 걷지 못하는 자는 이성을 가리키고, 맹인은 맹목적인 의지를 가리킨다. 의지는 가는 길을 확보하는 방법을 모르지만, 목표 지점은 무조건 살고자 하는 것이다.

쇼펜하우어는 인간의 사고 능력인 이성이 인류라는 종의 보존을 위해 자연을 탈취하는 **가장 위험한 무기**가 될 수 있음을 경고한다. 이성은 인간을 전체 자연에서 고립시키면서 모든 자연물을 생존 수단으로 이용할 수 있게 한다. 말하자면 인간의 이성은 물질의 형태나 식물의 성장력, 동물의 번식력 등에 대한 법칙을 터득하여 이를 자신의 생존과 이익을 위한 제물로 삼을 준비를 할 수 있다.

물론 인간이 자연에서의 의지를 완전히 파괴하는 것은 불가능하다. 그러나 실제로 인간은 자신의 필요에 따라 자연을 파괴하거나 조작하기 위한 기술적 도구로서 이성을 사용해 왔다. 이러한 도구적 이성 사용은 자연 세계에 대한 폭력이라는 것이다. 그가 특히 인간과 비교하여 인식 능력이 없는 '식물의 순진성'을 언급하는 것도 이러한 이유 때문이다.[16]

---

16) 소설 《채식주의자》(한강 지음)에서 여주인공은 폭력을 거부하기 위해 육식을 거부하고, 스스로 식물이 되었다고 믿으며 물 외에 어떤 것도 먹으려 하지 않는다. 그녀는 쇼펜하우어가 말한 식물의 순진성을 부러워한 것은 아닐까?

자연을 조작하고 파괴할 수 있는 인간 이성의 기술적 사용은 오늘날 특히 자연 생명에 대한 유전자 조작이나 편집 같은 유전공학 기술에서도 흔히 발견할 수 있다.

그러나 인간의 이성이 항상 이러한 위험한 무기가 되지는 않는다. 인간의 이성은 자연을 자신의 생존 수단으로 보는 것이 아니라 전체 자연의 일부로서 자기 자신을 반성하게 할 수도 있다. 이때 인간은 자기 삶이 이러한 자연의 보편적인 의지와 결합해 있으며, 자신 또한 의지의 현상일 뿐이라고 자각한다.

자연의 의지가 극도로 복잡하고 정교하게 진화해서 발현된 인간 유기체도 결국 개체의 죽음으로 자연의 의지 속으로 다시 돌아가는 것이 아닌가! 이성은 이러한 깨달음에 도달하게 하는 것이다.

쇼펜하우어는 말한다.

인간은 누구나 자신이 의지라는 것, 세계의 내적인 본질이 이 의지 속에 있다는 것을 안다. 또한 인간은 자신이 인식하는 주체라는 것과 전 세계가 나의 표상이라는 것, 그러한 세계는 오로지 나의 의식에 의해 현존한다는 것을 안다. 그래서 누구나 자신에게서 세계의 양 측면, 즉 의지로서 그리고 표상으로서의 세계임을 발견하는 것이다. 이렇게 자신을 인식하는 것은 동시에 전체

세계, 대우주의 본질까지도 이해하는 것이다. 그래서 전체 세계
는 또한 자신과 마찬가지로 철저하게 **의지이며, 표상일 뿐인 것
이다.**[17]

---

17) A. Schopenhauer, *Die Welt als Wille und Vorstellung I*, hrsg. L. Lükehaus, Zürich, 1988,
§29, p. 227.

4. 형이상학적 충동과 놀라움

스스로에 대해 놀라워하는 것

인간을 제외한 그 어떤 생명체도 자신의 고유한 현존재에 대해 놀라워하지 않는다. 다른 존재들은 자신에 대해 주목하지 않는다. 쇼펜하우어는 자기 존재에 대해 놀라워하는 인간만이 지닌 자기반성 능력을 '의지가 객관화되는' 생명체 진화의 산물로 설명한다. 인간의 의식은 생명체의 진화 과정에서 생겨난 두뇌 작용에 의한 것이다. 인간은 바로 그 의식 덕분에 스스로 놀라워하는 것이다.

쇼펜하우어는 찰스 다윈(Charles Robert Darwin, 1809~1882)의 각 환경에 유기체의 적응이라는 진화론의 영향을 받았다. 인간의 두뇌도 의지의 현상인 생명체 진화 과정의 요구에 적응하여 발생한 것이다. 인간 두뇌로 진화되는 생명의 박동은 동물의 단계를 거쳐 지성에서 인간의 이성이 형성될 때까지 상승한 것이다.

다른 동물들은 자기반성 없는 고요한 시선으로 오로지 '자연의 지혜'만을 따른다. 그러나 '스스로 놀라워하는' 인간은 자신과 마주하고 있는 자연뿐만 아니라, 죽음으로 향하는 자신에 대한 의식을 갖는다. 인간의 의식만이 자연 전체로부터 분리되어 자신을 문제 삼으며, 결국 죽음에 대한 자각을 통해 개별적 삶의 무상함을 깨닫는 것이다.

생명체 진화 과정의 산물인 이성은 인간 자연의 최고 성과이다. 그러나 이러한 이성의 성과는 인간의 욕구 충족을 위해 자연을 도구적으로 사용하고, 자연을 파괴하기도 한다. 그러나 다른 한편으로 이성은 자연의 숨은 비밀을 풀며 전체 자연에 속한 의지의 현상으로 자기 자신에 대한 반성과 죽음에 대한 자각에 이르게 한다. 즉 이성의 형이상학적 충동은 생존을 넘어서 의지 그 자체에 대한 자기 통찰에 이르게 한다.

이러한 의지에 대한 자각은 인간 개인의 성격과 정서로 표현되어 **도덕적인 정열로 동정심**이 되기도 한다. 동정심이란 바로 우리 안의 의지와 똑같은 보편적 의지가 인간 누구에게나 있음을 느낄 때 발생하는 것이다. 말하자면 인간의 도덕적 근본 동기인 동정심은 형이상학적 충동으로 통찰한 자신 속에서 보편적 의지에 대한 자각으로부터 발생하는 것이다.

사고한다는 것과 자아

자기를 의식한다는 것은 외부 세계를 지각하는 것이 아니라 자기 생각에 집중하는 것이다. 그런데 우리의 지성적 사고는 파편적으로 진행된다. 지금 다른 생각을 하려고 하면, 방금 하던 생각이 끊어진다. 우리는 오랫동안 사고를 지속할 수 없다. 한 가지 문제에 대해 오랫동안 집중하다 보면, 사고는 혼미해지고 둔해진다. 우리 지성에 의한 모든 사고는 어쩔 수 없이 어지럽고 파편적이며, 삶의 미로와 어둠 속을 이리저리 더듬을 뿐이다. 그런데도 어떻게 사고가 지속될 수 있는가? 어떤 원리에 근거하여 우리의 사고가 통일적으로 이어질 수 있는가?

대부분의 지성은 세계의 비밀을 근본적으로 해명하는 데 적합하지 않다. 높은 인식 수준에 도달한 인간만이 근원적으로 세계의 비밀에 대해 추구하고자 한다. 세계의 비밀은 일반적으로 지성에 의한 파편적 사고에 의해 밝혀질 수 없다. 오히려 다양한 사고의 파편들은 이질적으로 뒤섞이며 우리의 머리를 끊임없이 교란한다. 그러나 어느 순간, 우리는 이 지성에 의한 사고들을 이어서 정돈할 수 있게 하는 것이 놀랍게도 자신 속에 존재함을 깨닫는다. 분명히 이 모든 것을 잇달아 연결하고 통일하는 하나의 끈이 무의식적으로 있음을 직감하는 것이다. 이것은 과연 무엇인가?

> 식물은 알다시피 양극, 뿌리와 꽃부리를 가지고 있다. …… 뿌리
> 는 본질적인 것이며, 근원적이다. 이에 반해 꽃부리는 사라지는
> 것이며, 이차적이다. 뿌리는 의지를, 꽃부리는 지성을 표상한다.
> 양자의 무차별 지점인 뿌리줄기는 마치 자아와 같다.[18]

여기서 자아 성립을 위한 모든 의식과 사유의 기반으로 존
재하는 힘이 바로 의지다. 만약 의지가 없다면 나는 의식의
통일을 더 이상 지닐 수 없을 것이다. 의지는 목적을 위해 모
든 사고와 표상들을 수단으로 삼으며 함께 지속한다. 의지는
모든 의식들을 자신의 성격, 자신의 분위기와 관심의 색깔로
물들이고, 주의력을 지배하며 기억이나 연상들을 결국 행위
의 동기로 삼는다.

이렇듯 모든 파편적 사고를 연결해 주고 의식을 통일시켜
주는 기반에 바로 의지가 있다. 이러한 의지는 모든 유기체
의 근원적 힘이다. 의지는 신경과 척수가 딸린 인간의 뇌에
작용하여 자기 보존을 위한 의욕 하는 **자아**로 표현된다. 즉
자아는 본래 외부로 향한 의지가 내부의 자기 보존을 위한

---

18) A. Schopenhauer, *Die Welt als Wille und Vorstellung II*, hrsg. L. Lükehaus, Zürich, 1988, p. 234.

의욕의 주체로 집중하는 과정에서 형성된다. 그래서 의지란 나의 의식을 통일시켜 주고 모든 행위의 동기가 되는 의욕의 근원이라고 할 수 있다.

이처럼 의식을 통일시켜 주고, 모든 의욕의 근원인 의지에 대한 자기 통찰은 이성의 형이상학적 충동으로 이루어진다. 이성의 형이상학적 충동은 자아의 근원으로 의지 그 자체가 인간 누구에게나 있음을 자각하도록 하는 것이다. 이때 발생하는 동정심이 결국 인간 행위의 도덕적인 근본 동기로 작용한다.

03

왜 삶은
고통인가

1. 삶의 공허함

자연계의 욕망

보편적 의지가 생명체마다 출현하는 방식은 개체의 욕망으로 무한히 나타난다. 각 개체에 출현하는 끝이 없는 욕망은 인간뿐만 아니라 모든 자연현상, 물질세계에서도 발견된다. 물질세계에서 중력은 견고함이나 탄성과 투쟁하면서 끊임없이 사물들을 아래로 끌어당긴다. 고체는 자신의 화학적 해방을 위해 용해하거나 분해해서 액체가 되고, 그것은 기체가 되려고 한다.

식물 역시 씨앗에서 시작하여 꽃을 피우며, 성장하여 다시 씨앗이 되는 과정을 무한히 반복한다.[19] 동물은 생식을 통해 후대를 남기는 종족 보존 욕구를 정점으로 한다.

욕망은 결핍에서 비롯되며 끝이 없다. 모든 개체는 한없는

---

19) 소설 《식물들의 사생활》(이승우 지음)에는 대죽나무와 소나무가 한 몸처럼 붙어 있는 장면이 나온다. 거기서 작가는 고요한 나무의 내면에도 고요한 사람의 내면의 수군거림 같은 욕망과 그 욕망을 다스릴 수 있는 힘을 발견한다.

결핍에 시달리며 그러한 결핍을 극복하기 위해 노력하지만, 만족은 그 노고에 비해 순간적으로 지나간다. 두더지의 경우 지칠 줄 모르고 열심히 땅을 파지만, 그가 얻은 결과는 먹는 것과 교미하는 것뿐이다. 동물들은 저마다 먹잇감을 쫓고, 동시에 먹잇감이 되어 쫓기면서 공포와 비명의 연속인 삶을 이어간다.

인간의 삶도 근본적으로는 궁핍과 권태 그리고 투쟁으로 점철되어 있다. 매번 새로운 인간이 태어날 때마다 삶이라는 시계의 태엽이 새로 감기지만, 그것은 삶의 고통을 무한히 다시 반복할 뿐이다.

인간의 불안과 공허함

인간은 본성상 가장 이기적인 존재다. 무한한 세계에서 참으로 보잘것없는 무(無)와 거의 같은 자기 자신을 세계의 중심으로 생각하면서 그 어떤 것들보다 생존과 만족을 걱정한다. 자기보다 행복하게 사는 사람을 보면 부러워하면서 결핍감에 고통스러워한다. 또 다른 사람의 고통이나 자기보다 곤경에 처한 사람들을 보면서 자신의 결핍감과 고통을 위로받는다. 다른 사람들에게 일어나는 재난에 대해서는 별로 비통해하지 않으면서, 자신에게 닥친 재난은 수용하기 힘들어한다. 이기심과 악의에 찬 인간은 타인에게 고통을 가함으로써 자신이 겪고 있는 고통이나 불안을 완화하려고 한다.

이러한 삶의 충동에 사로잡힌 이 세계에서 인간은 금방 사라지는 **현재 외에는 발을 디딜 토대가 없다.** 인간에게는 맹목적인 삶의 지속적인 운동만 있을 뿐 진정으로 추구하는 안정은 없다. 우리의 삶은 마치 산을 뛰어 내려오는 자가 멈추려고 하면 넘어질 수밖에 없어서 계속 달리며 다리의 균형을 유지하는 것과 같다. 인간의 모습은 항상 불안하다. 욕구를 충족시키는 게 쉽지 않지만, 그것이 충족되더라도 금방 무료함에 사로잡힐 뿐이다. 그 무료함은 생존 자체를 공허하다고 느끼게 할 뿐이다.

자연 생명의 의지가 가장 진화된 현상이 바로 인간 유기체이다. 이러한 인간도 결국 죽어서 자연의 의지 속으로 돌아갈 수밖에 없다. 개별적 인간의 생존은 마치 불꽃처럼 나타났다가 연기처럼 무로 사라지는 의지의 현상일 뿐이다.

쇼펜하우어에 의하면 전체 자연의 의지에 비추어 개인의 삶은 마치 현미경으로 봐야 할 정도로 아주 작은 점에 불과하다. 그런데도 우리는 그 점을 인생이란 시간과 삶의 공간이라는 두 개의 강력한 렌즈로 확대해 엄청나게 큰 것으로 본다. 인간 삶의 세부를 현미경으로 자세히 들여다보자. 그

인상은 마치 섬모 층이 우글거리는 물방울이나 곰팡이 슨 치즈 덩어리에 눈에 보이지 않는 수많은 세균이 악착같이 웅성거리며 싸우는 모습 같은 것이다. 결국 인간은 자연으로 돌아갈 수밖에 없는 극히 짧은 인생 동안 그토록 좁은 공간에서 열심히 진지하게 삶에 집착하며 투쟁하며 산다.

2. 고통의 원인

고통과 이기심

쇼펜하우어는 왜 인간 삶의 본질을 고통이라고 했을까? 인간의 삶 자체가 고통이라면 그 고통의 원인은 의지의 현상으로서 인간 본성에서 찾아야 할 것이다. 인간의 생존 의지는 의식 속에서 **욕구**를 일으켜 지속적으로 자기 보존을 위한 행위의 동기로 작용한다. 이러한 맹목적인 생존 의지는 육체가 살아있는 한 지속될 수밖에 없다. 삶의 의지는 육체를 통해 자기 보존을 위한 이기심으로 표현되기 때문이다. 이기심은 의식 속에 들어온 모든 표상들을 자신에게 봉사하도록 강제하는 것이다.

개인은 무한한 세계에서 아주 보잘것없고 미미한 개별자이다. 그런데도 자신을 세계의 핵심으로 삼고, 모든 다른 것들보다 자신의 고유한 실존과 행복을 출발점으로 다른 모든 것을, 자신을 위한 제물로 삼을 준비마저 하고 있다. 마치 바닷속의 물방울 같

은 자신을 조금이라도 오래 보존하기 위해, 이 세상을 멸망시킬 채비마저 하는 것이다.[20]

인간의 자의식에서 발생하는 인식은 욕구를 부추기기도 하고 억제하는 수단으로도 작용한다. 그러나 인간의 욕구는 충족될 수 없고 결국 끊임없이 자신과의 불화를 일으킨다. 욕구 충족의 결핍은 인식을 매개로 새로운 욕망을 일으키고, 그 욕망이 만족 되면 결과에 대해 무관심해져 곧 무료함을 느낀다. 결국 새로운 욕망과 그 결핍에서 오는 고통과 무료함이 반복되는 악순환은 무한히 계속된다. 그래서 내 표상의 세계에는 온갖 악과 이기주의, 시기와 허욕, 미움과 복수, 파괴 욕구와 잔인성, 고통과 부조리, 삶과 죽음이 교차한다.

나의 육체가 잠시 머물다 가는 이 세계는 궁핍과 불안에서 야기되는 고통과 권태로 가득 찬 투쟁의 장소이다. 인간은 고통과 권태 사이를 약하게 혹은 강하게 진자운동을 하며 욕망에 흔들린다. 인생은 평생 채워지지 않는 욕망의 결핍으로 인한 고통과 잠시의 욕망 충족 이후 들어서는 권태 사이를 오락가락하다가 죽음으로 끝난다. 그래서 사람들이 지금까지 지옥의 고통을 자세히 묘사해 왔지만, 천국에 대해서는

---

20) A. Schopenhauer, *Die Welt als Wille und Vorstellung I*, hrsg. L. Lükehaus, Zürich, 1988, §61, p. 431f.

단조롭고 권태로운 광경밖에는 상상할 수 없었던 것이다.

고통과 시간 의식

특히 인간은 과거나 미래에 대한 시간 의식 때문에 다른 동물보다 더 고통을 겪는다. 다른 동물들은 목전의 삶에 빠져 있는 반면, 인간은 과거나 미래에 대해 생각할 수 있다. 인간은 어떤 사건에 대한 과거의 기억 때문에 혹은 미래에 일어날 사건에 대한 예견이나 기대 때문에 더욱 고통을 겪는다. 이에 반해 동물들은 어떤 즐거움에 대한 기대나 환상을 품지 않으며, 고통을 있는 그대로 느낀다.

인간은 과거 자신이 당했던 고통을 잊지 못한다. 그 고통은 치유하기 어려운 트라우마가 되어 평생을 어둡고 불행하게 만든다. 미래에 당할 고통을 미리부터 상상하여 불안과 절망에 사로잡히기도 한다. 그러나 동물은 들판에서 유유히 풀을 뜯는 말처럼 현재에만 몰두한다. 인간은 죽음을 미리 앞당겨 생각해 보기 때문에 죽음과 죽음 이후의 세계에 대해 두려워한다. 우리를 괴롭히는 것은 사실 죽음 그 자체가 아니라 현재의 삶이 없어지는 **미래의 죽음에 대한 불안과 두려움인 것이다.**

3. 고통의 모습

고통의 모습

인간 삶에서 고통은 어떠한 모습으로 드러나는가? 삶의 과정에서 지속되는 고통, 그 고통을 느끼는 우리의 감각은 무한하다. 그러나 즐거움을 느끼는 감각은 좁은 한계에 갇혀 있다. 시냇물이 작은 돌에도 소용돌이를 일으키듯, 발톱에 파고든 작은 상처가 온몸을 아프게 하듯 고통은 적극적인 성질을 지닌다.

우리는 현재를 즐기고 있는 중에도 질병, 박해, 빈곤, 불구, 실명, 광기, 죽음 등과 같은 액운이 언제 닥쳐올지 알 수 없다. 인간의 현재 삶은 마치 도살업자가 자기들을 언제 고를지도 모르고 들판에서 뛰노는 어린 양의 처지와 같다.

마치 대기의 압력이 없으면 신체가 파열해 버리는 것처럼 인간 삶에서 고난, 곤궁, 실패는 필연적이다. 인생이라는 배가 안전하고 바르게 갈 수 있도록 배 밑바닥에 짐이 놓여 있는 것처럼, 거의 모든 인간은 노동, 고역, 노고, 고난과 고뇌를 평생 가지고 살아야 한다.

만약 소망이 성취된다면 사람들은 인생을 무엇으로 채워야 할지, 어떻게 시간을 보내야 할지 고민하며 또다시 새로운 소망과 일거리를 만들고자 할 것이다. 그런데 모든 소망이 어려움 없이 성취될 수 있는 게으름뱅이의 천국에 인류를 옮겨놓는다고 상상해 보자.[21] 어떤 사람들은 무료한 나머지 나중에 차라리 죽어버리거나 서로를 공격하고 살해해서, 지금 우리가 겪는 고통보다 더 많은 고통에 시달릴 것이다.

그렇다면 과연 우리의 생애는 얼마나 행복한가. 쇼펜하우어는 인간의 행복은 즐거웠던 순간들보다는 적극적 성질을 띤 고통이 얼마나 없었는지로 평가해야 한다고 말한다. 행복은 결핍, 욕구, 고통의 순간적인 부재이지만, 이것이 지속되면 금방 무료함을 느낀다. 다시 갈망이 일어나는 순간에 이러한 행복은 금방 사라지고 마는 것이다. 그래서 무료함 없는 쾌락을 위해서 의도적으로 마약, 술, 호사 등을 사용하기도 하지만, 오히려 갈망에 따른 고통의 샘이 지속해서 솟아날 수밖에 없다.

하지만 자연 상태에서 살아가는 동물은 무료함을 느끼지

---

21) 피터르 브뤼헐(Pieter Bruegel the Elder, 1525~1569)의 작품 <게으름뱅이의 천국>에서 사람들은 게으름과 무력감에 빠져 손가락 하나 까딱하지 않고 흙더미 위를 뒹군다. 게으름의 덫은 악몽처럼 무겁게 이들의 사지와 영혼을 옭아맨다. 게으름의 천국은 참된 천국이 아니라 소리 없이 젖어드는 저주인 것이다.

못한다. 인간은 실제로 자기 죽음을 미리 예견하고 두려워하여 이에 대비하기도 한다. 반면, 동물은 다만 본능적으로 죽음을 피하려고 할 뿐 죽음을 염두에 두지 않는다. 그래서 소수의 동물만 자연사하고 대부분의 동물은 필요한 만큼 살다가 결국 다른 동물의 먹이가 되고 만다.

동물은 인간보다 훨씬 단순한 삶에 만족하고, 식물은 그것에 전적으로 만족한다. 그래서 인간은 현재에 몰두하며 차분히, 온전하게 즐기는 동물을 보며 부러워하기도 한다. 그러나 이기적인 인간은 동물의 이와 같은 특성을 악용해 때로는 무방비 상태로 살도록 하면서 착취한다. 인간은 세계를 자유롭게 날아다니는 새를 새장에 가두어 키운다. 쇼펜하우어에 의하면 이때 새의 노래는 기뻐서가 아니라 분노해서 차라리 죽음을 그리워해서 외치는 소리다. 또한 쇠사슬에 묶어두는 주인을 무는 개는 주인이 자신의 생을 지옥으로 만든 악마라고 항변하는 것이다.

고통은 음이다

인간의 삶이 동물보다 고통스러운 이유는 **인간의 높은 인식능력, 즉 지성과 이성 때문이다.** 고통은 특히 인간의 의욕이 억제당하고 방해받고 차단될 때 생긴다. 이러한 의욕을 억제하거나 차단하기 위해 항상 인식이 동반된다.

쇼펜하우어는 의욕과 인식능력, 그리고 고통과의 관계를 공기의 파동이 물체에 부딪혔을 때 발생하는 소리에 비유한다. 소리는 공명이 필요하다. 진동하는 공기의 파동이 딱딱한 물체와 부딪쳐야 소리가 나기 때문이다. 주위에 아무것도 없는 산꼭대기에서는 소리가 약해지고, 야외에서는 노랫소리가 크게 들리지 않는다. 마찬가지로 무엇인가 하고 싶은 욕구나 갈망이 나의 온갖 생각과 걱정으로 저항받아 억제당할 때 더욱 고통스러운 것이다.

인간은 뇌와 연결된 신경이 있어야 육체적 고통을 느낄 수 있다. 예를 들어 사고로 인해 뇌에 이르는 신경이 끊어져 있거나 뇌 자체가 마비되면 의식이 없어져 고통을 느끼지 못한다. 그래서 우리는 의식을 잃고 죽어가는 사람에게 발생하는 경련을 고통이라고 여기지 않는다. 이에 비해 고뇌와 같은 정신적 고통은 반성적 인식의 영향을 받는다. 이때 인식이 강하게 의욕에 부딪힐수록 고통의 강도는 커지는 것이다. 쇼펜하우어는 고통과 의욕, 인식을 현악기의 줄에서 나는 소리에 비유한다. 악기의 현으로서 의욕이 인식에 부딪혀 공명판을 통해 강하게 진동하면서 소리로서 고통이 발생하는 것이다.

인식능력에 따라 고통을 느끼는 정도는 인간과 다른 동물과의 비교를 통해서도 알 수 있다. 최하등 동물은 고통을 매우 미약하게 느낀다. 곤충은 다리가 떨어지고 내장만 붙어 있어도 몸을 질질 끌며 먹이를 찾는다. 하지만 고등동물은 직관적인 인식을 매개로 직접적으로 고통을 느낀다.

이에 비해 인간은 직관적 능력보다도 이성의 분별력에 의해 의지가 강하게 부정될 때 더욱 고통을 경험한다. 예를 들어 무용이 삶의 전부인 무용수가 사고를 당해 무용을 그만둘 수밖에 없다는 생각은, 열정적인 무용수에게 절망에 가까운 고통을 느끼게 할 것이다. 물론 인식 그 자체로 고통이 발생하지는 않는다. 인간의 인식이 의욕에 저항하거나 의욕을 억제하면서 고통이 발생하는 것이다. 그러나 인간이 겪는 고통은 누구나 견뎌야 하는 인생의 과제이다.

인간은 고통의 동지이다

이처럼 고통받는 마음을 서로 안다면 인간은 서로에게 고통의 동지가 될 수 있다. 인간 누구나가 고통의 동지라는 깨달음은 서로에게 관용이나 인내, 보호, 이웃 사랑을 생각하게 한다. 또한 누구에게나 닥쳐올 수 있는 불행이나 악덕, 불합리한 것, 죽을 운명에 처한 존재라는 입장에서 타인을 본다면, 그를 더 관대하게 대할 것이다. 어리석음이나 악덕은 당장 표면에 나타나지 않지만, 내면에 깊숙이 숨어 있다가 어떤 계기로 누구에게나 수면 위로 떠오를 수 있다.

사람마다 개성의 차이는 크고 다양하다. 그래서 사람마다 각기 다른 결점이나 모순이 나타나는 계기 또한 다를 수밖에 없다. 이처럼 누구에게나 숨어 있다가 나타날 수 있는 인류의 결점이나 모순과 연약함이 바로 서로에게 관용과 용서를 베풀 수 있는 조건이 되는 것이다.

인간은 본성적으로 성욕이나 성적 쾌락으로 생식한다. 순수하게 합리적으로 숙고하여 생식하는 것이 아니다. 오히려 우리의 이성은 생식을 통해 태어나는 세대에게 지속적으로 생존의 고통이라는 짐을 지게 할 수 없다고 생각할 것이다. 만약 인류가 세대로 이어지는 생존의 고통에 대해 합리적으로 숙고했더라면 생식을 거부했을 것이며, 인류의 존속은 불가능했을 것이다. 그러나 생식은 인간의 인식과 반성에 의한 통제를 넘어선다. 생식은 인류라는 종을 존속하게 하는 가장 강력한 자연 의지의 표현이기 때문이다.

04

인간에게 예술이란 무엇인가

1. 아름다움과 예술

의욕이 멈추는 예외적 상태

우리는 일상적으로 자신의 시간과 공간, 인과율에 지배받는 표상의 세계에서 산다. 그 세계에서는 끊임없이 내가 인식하는 것이 맹목적인 삶의 의지를 위한 수단으로 작용한다. 육체적 존재로서 인식이 지속적으로 의지의 수단이 되어 의욕이 일어나는 한 인간은 고통에서 벗어날 수 없다. 그러나 인간에게는 고통의 원인인 의욕이 멈추며 만족감이 일어나는 순수한 마음의 상태가 있다. 그것은 의지가 객관화된 세계의 본질을 순수하게 직관하는 예외적 순간, 즉 미적 경험이 일어나는 순간이다. 그것은 어떻게 가능한 것인가?

인간은 자기의식 속에서 인식이 의욕의 수단이 되는 것을 멈추고, 사물의 본질 그 자체를 투명하게 직관하는 순간을 경험한다. 쇼펜하우어는 사물의 본질 그 자체를 '플라톤적인 이념'이라고 표현한다. 이는 현상의 세계에서 의지가 가장 적합하게 객관화된 '의지의 투명한 거울'이다. 이것은 생성하고 소멸하는 개별적 대상에 내재하는, 불변하는 본질이다. 중력이나 자력 같은 보편적인 자연력이 물질계의 이념이라고 할 수 있다.

우리는 일상 삶에서 보통 어디에, 언제, 왜, 무엇을 위해서라는 자신과의 관계 속에서 개별 사물들을 인식한다. '나'의 시간과 공간, 그리고 인과율에 의한 표상의 세계에서 개별자에 대한 인식이 이루어진다. 그러나 '플라톤적 이념'에 대한 인식은 이러한 인식 방식에서 벗어나 오로지 사물 그 자체, **무엇인가**에 대해 몰입한다.

> 이것은 자기 정신의 모든 힘을 기울여 직관에 몰입하고, 하나의 풍경, 한 그루의 나무, 한 개의 암석, 한 개의 건물이라 하더라도, 바로 현재 있는 대상을 조용히 정관함으로써 의식 전체를 꽉 채우도록 하는 것이다. 이에 대한 의미 있는 독일어 표현법으로 대상 속에 자신을 **완전히 잃어버린다**는 것이 있다. 나는 자신의 의지를 잊고 단지 순수한 주관으로서, 대상에 대한 명석한 거울로서 머무는 것이다. …… 이러한 직관을 하는 자는 더 이상 개별자가 아니라, 순수하고, 의지가 없고, 고통이 없는 시간으로부터 해방된 인식의 주체이다.[22]

---

22) A. Schopenhauer, *Die Welt als Wille und Vorstellung I*, hrsg. L. Lükehaus, Zürich, 1988, §34, p. 244.

우리는 더 이상 개별적인 대상이 아닌 그 대상의 본질적인
것, 즉 이념을 인식한다. 이때 나는 '언제, 어디서, 왜, 무엇을
위해서'라는 사물과의 관계에서 해방되어 아무런 의욕이 일
어나지 않는 대상과 하나가 되는 순간에 놓이게 된다. 이것
이 **미적 직관**이다. 이념을 인식하는 순간 나는 대상에 자신
을 잃어버리는 정관 상태에 이르게 된다.

…… 그러나 갑자기 끝이 없는 의욕의 파도로부터 인식이 의지
의 노예가 되길 걷어차고, 사물들을 의지의 관계로부터 해방시
켜 파악하고, 관심 없이 순수 주관으로서 객관적으로 사물을 관
조한다면, 의지에 의해 항상 달아나던 고요가 일회적으로 자신
에게 온다.[23]

예술가와 예술작품

예술가는 이러한 순수한 정관 상태에서 이념을 포착하여
예술작품 속에 그것을 보존하고 전달하는 자이다. 천재란 바
로 이러한 정관 능력을 지닌 예술가이다. **천재**는 이 세계와

---

23) 위와 같음.

마주하는, 표상하는 주체가 아닌, 전혀 정반대의 방향으로 세계로 나아가는 열망을 지닌다. 그는 표상하는 주체로서의 대상과의 관계를 망각하고 스스로 세계의 한 부분이 되고자 열망하며 사물의 이념(본질)을 파악한다.

바이런[24]의 시는 자신을 자연의 일부분으로 파악하는 순간을 보여준다.

> 산, 파도, 하늘은 내 일부가 아닐까,
>
> 나와 내 영혼의 부분이 아닐까,
>
> 내가 그들 중에 한 부분일까?[25]

천재는 대상을 관조하면서 스스로가 해소되는 순간을 경험한다. 그의 모든 인식은 욕구의 노예가 되는 것을 멈추고 '의지의 강제 노동에서 안식'을 얻는 것이다. 클로드 모네(Claude Monet, 1840~1926)의 〈수련〉 연작을 보면, 작가는 정관 상태에서 연못 속 수련의 생명력을 포착한 직관의 순간을 작품 속에 반복함으로써 작품 속에 몰입하여 자아를 잊게 한다.

이처럼 예술가의 천재성은 의지가 가장 적합하게 객관화된 사물의 본질을 파악한다. 천재의 능력은 상상력에 의한

---

24) 조지 고든 바이런(George Gordon Byron, 1788~1824), 영국의 낭만파 천재 시인.
25) A. Schopenhauer, 위와 같은 책, §34, p. 247.

판타지 능력이다. 이 판타지는 자연 속에서 파악한 사물의 본질을 마치 거울에 비친 투명한 이미지로 전달하게 한다. 천재는 금방 사라질 것 같은 사물의 본질에 대한 직관의 순간을 신중하게 예술작품 속에 보존하여 다른 사람과 미적 인식을 공유하는 것이다.

진실한 조각가는 개별적인 사물에서 이념을 파악하고, 그것을 자연의 언어로 수천 번의 시도와 실패를 거쳐 단단한 대리석에 표현한다. 이때 그는 '이것이 바로 네가 말하려고 한 것이다!'라고 외칠 수 있다. 이렇게 천재는 단지 소수에게만 가능한 본질에 대한 직관을 자기 작품을 통해 일반 사람도 쉽게 접근하도록 이미지로 형상화하는 것이다.

김달진의 〈벌레〉라는 시가 있다. 거기서 시인은 고인 물밑에서 고물거리는 가는 벌레를 들여다본다. 이때 머리 위와 등 뒤에서 자신을 바라보는 어떤 큰 눈을 생각하면서 동시에, 그는 자기 스스로 벌레가 된다.

이 시에서 세계의 본질을 인식하는 순간 자아는 바로 실낱 같은 벌레와 하나가 된다. 시인은 자아가 사물과 하나가 되는 마음의 관조 상태를 직접적이며 명료하게 형상화하여 전달한다. 이러한 이미지를 그려내는 능력은 예술가의 상상력에 의한 판타지이다. 시인은 고인 물, 벌레, 머리 위, 등 뒤,

큰 눈 등의 이미지 조합을 통해서 세계의 본질을 직관하는 과정을 자신이 벌레가 되는 모습으로 그려내고 있다.

이렇듯 예술가는 현실에서 금방 사라지는 미적 직관의 순간을 예술작품 속에 보존하여 독자에게 전달한다. 진정한 예술의 과제는 미적 직관의 순간에 파악한 사물의 내적 본질을 이미지를 통해 형상화시켜 더욱 직접적으로 독자에게 전달하는 데 있다.

2. 숭고의 감정

자연을 바라볼 때면 순수하고 아름다운 감정뿐만 아니라 숭고의 감정도 느낀다. 자연의 아름다움과 숭고를 느끼는 마음의 상태는 어떤 것인가? 어떻게 아름다움 혹은 숭고의 감정을 경험하는가?

> 자연의 형태와 만나는 동안 …… 우리가 의욕에서 해방되어 순수한 인식의 주체로 고양된다. 이러는 동안 우리에게 만족감을 일으키는 것은 단순히 **아름다운 것**이다.[26]

우리는 자연의 광경을 바라보는 순간에 의욕이 멈추며 그 풍경 속으로 빠져드는 순간을 경험한다. 예를 들어 부드러운 빛으로 싸인, 해 질 무렵의 주위 풍경은 아름답다. 이때 우리는 자기 의욕과의 그 어떤 투쟁 기억도 없는 순수한 마음 상태에서 그 광경에 대해 만족감을 느낀다.

---

26) A. Schopenhauer, *Die Welt als Wille und Vorstellung I*, hrsg. L. Lükehaus, Zürich, 1988, §39, p. 271.

그러나 숭고의 감정은 다르다. 인적 없는 해안가에 엄청난 위력으로 몰려오는 폭풍우의 광경은 인간에게 의지의 투쟁과 힘을 요구하며 **숭고**를 경험하게 한다. 즉 해 질 무렵 자연의 아름다움은 의지의 저항 없이 그 풍경 속에 우리를 고요히 침잠하게 한다. 그러나 대단히 위협적으로 몰려오는 폭풍우의 광경은 의지의 저항과 투쟁을 거쳐 의식이 고양되는 숭고의 감정을 느끼게 한다.

> 아름다움과 구분되는 숭고함은 다음과 같다. …… 아름다움은 어떠한 저항도 받지 않고 관계들에 대한 인식에 봉사하는 의지로부터 멀어져 인간을 오로지 순수한 인식의 주체로 남아있게 한다. 그래서 그 자신은 의지에 대한 어떠한 기억도 지니지 않는다. 이에 반해 숭고의 감정은 의지 대상과의 강압적인 관계에서 벗어나, 의지와 관계하는 인식과 의지를 넘어서는 의식적인 고양 과정을 통해서 획득된다.[27]

폭풍우와 뇌우가 위협적으로 몰아치는 해안가 혹은 암흑과 황량함에 둘러싸인 계곡의 한복판에 서 있다고 생각해 보자. 이때 자연의 위협에 저항하는 우리의 인식과 의욕은 좌

---

27) 위와 같은 책, §39, p. 272.

절된다. 우리는 자연의 위력에 최소한의 타격에도 부서질 수 있는 개별자, 미약한 의지의 현상으로서 점차 사라지는 무상한 존재로서의 자신을 느낀다. 여기서 중요한 것이 바로 이러한 **자신에 대한 의식이다. 이 자각은 모든 광경이 단지 자신의 표상일 뿐이라는 것을 깨닫게 한다.** 이때 인간은 모든 의지의 갈망에서 벗어나 오히려 이 광경을 관조하게 되면서 숭고의 감정을 느낀다.

인간은 크기를 가늠할 수 없이 무한하게 펼쳐진 공간 속에서 공포와 두려움을 넘어 숭고의 감정을 느낄 수 있다. 막막한 대양 한가운데 조각배에 의지한 채, 혹은 사방으로 무한한 공간으로 펼쳐지는 사막 한가운데 홀로 서 있는 광경을 상상해 보자. 이때 우리는 자신을 마치 금방 사라지는 대양의 한 물방울처럼, 보잘것없는 모래알처럼 무상한 의지의 현상으로 느낀다. 그러나 동시에 우리는 곧 이 세계가 단지 나의 표상에 불과하다는 자각을 하게 된다. 이때 스스로 순수한 인식의 주체로 고양되면서 숭고의 감정을 느끼는 것이다.

공간과 시간에서 세계의 무한한 크기를 생각하고 자신을 잃어버리게 되면 …… 우리는 자신이 무라고 할 만큼 미미한 존재임을 느끼며, 개별자로서, 살아있는 신체로서, 자신을 마치 대양의 한 물방울처럼 무상한 의지의 현상으로서 느낀다. 그러나 동시에

　이러한 무의미성의 환영에 대항해서, 이러한 속임수 같은 불가
능성에 대항해서, 우리는 이 세계의 모든 것이, 단지 우리의 표상
속에 있다는 의식을 갖고 자신을 고양시킨다.[28]

　이렇듯 숭고의 감정은 대상을 통해서 인간의 의욕이 좌절
되는 마음의 동요와 그 극복 과정을 보여준다. 우리는 자연
의 무한한 크기 앞에서 스스로가 무상한 존재이지만, 이것
또한 자신의 표상에 불과하다고 깨닫는다. 이때 의욕이 멈추
는 순수한 관조 상태로 고양되는 숭고의 감정을 느낀다.

　일상의 삶에서 항상 그렇듯 대상에 대한 욕구에 이끌려 살
고 있다면, 숭고의 감정을 느낄 수 없을 것이다. 숭고의 감정
은 외부의 대상을 통해 경험하게 되는 매우 예외적인 자기
자각의 감정이다. 특히 개인의 욕구를 좌절시키는 매우 위협
적인 광경이나 거대한 사물을 대할수록 인간은 숭고를 느낄
수 있는 마음의 계기와 더 자주 만나게 된다. 숭고의 감정은
자신의 욕구가 좌절되는 극심한 동요와 고통을 겪으면서 동
시에 여기서 벗어나 스스로 마음의 평정 상태에 이르게 되는
감정인 것이다.

---

28) A. Schopenhauer, *Die Welt als Wille und Vorstellung I*, hrsg. L. Lükehaus, Zürich, 1988, §39, p. 277.

3. 예술 형식과 음악

예술 형식이란

아름다움을 경험한다는 것은 사물의 본질인 이념을 직관함으로써 얻게 되는 만족감이다. 이 순간에 우리는 의욕의 충동, 열정, 고통, 근심에서 해방되지만, 이 상태도 오래 지속될 수 없다. 특히 시시각각 변화하는 자연에서 경험한 미적 순간은 재빨리 사라지고, 자의식이 금방 채워진다. 그 미적 경험의 기억조차도 점차 흐려지기 마련이다.

그러나 예술가는 다르다. 그는 미적인 순간에 직관한 이념을 놓치지 않고 우연적 요소를 제거하여 예술작품 속에 반복하여 보존한다. 그래서 감상자는 자연의 대상보다도 오히려 예술작품에서 더욱 쉽게 이념을 파악할 수 있는 것이다.

쇼펜하우어는 예술의 형식을 건축물, 회화, 시, 음악 등으로 구분한다. 이러한 구분은 예술작품에 표현된 무기물, 식물, 동물, 인간 이념의 특성과 각기 다른 미적 관조 방식에 따른 것이다. 다시 말해서 감상자는 무기물의 이념을 표현한 건축물이나 식물이나 동물 그리고 인간의 이념을 표현한 회화, 시, 비극 작품을 각기 다른 방식으로 감상한다.

예를 들어 아름다운 건축물이나 풍경화, 정물화를 감상할 때 우리는 무기물의 의지 표현이나 자연의 생명력을 개별적으로 명료하게 인식하지 못한다. 그래서 이러한 작품은 감상자가 이념을 명료하게 인식하게 하기보다는 직접적으로 작품에 몰입하게 하여 쉽게 정관 상태로 이끈다.

그러나 예술의 대상이 동물에서 인간의 영역으로 갈수록 의지의 표현은 더욱 복잡하고 모순적이며 개성적으로 출현한다. 이때 감상자는 작품에 몰입하여 정관 상태에 이르기보다는 오히려 이념을 먼저 인식한다.

특히 인간성을 표현하는 예술일수록 인간의 개별적인 형태와 개성적인 행위나 사건을 통해서 동물적이며, 인간적 삶의 본질인 고통을 표현한다. 거기서 의욕 간의 갈등과 불화로 인한 고뇌와 절망이 감상자를 압도한다. 인간의 본질을 표현한 예술일수록 의욕의 갈등과 고통의 표현이 더욱 복잡하고 모순적으로 출현하는 것이다.

건축물과 조각품

이제 건축물을 이해하고 미적으로 즐기는 방식에 대해 살펴보기로 하자. 돌을 재료로 한 건축물에서는 의지 표현의 가장 낮은 단계인 '중력, 무거움, 응집력, 경직, 단단함'과 같은 자연력의 투쟁이 드러난다. 우리는 아름다운 건축물에서 이런 자연력의 작용을 직관적으로 경험한다.

그리스의 〈파르테논 신전〉을 예를 들어 보자.

이 건축물에서는 중력과 견고함, 무게 사이에서 의지의 투쟁이 일어난다. 즉 아래로 향하려는 중력과 그것에 저항하면서 어떤 것을 대지 위에 세워두려는 견고함과 무게가 서로 투쟁하는 것이다. 우리는 이러한 투쟁을 관조하면서 무기물의 의지 작용을 직관적으로 경험한다. 그러나 이러한 경험은 감상자인 우리 자신을 의식하게 하지 않는다.

그러나 고뇌하는 사람의 초상화나 조각품을 감상하면, 그 작품을 통해 자신의 고유한 삶에서 경험하는 고통과 자만, 반항과 연약성 그리고 희망과 만날 수 있다. 거기서 자신의 고유한 실존과 관계하는 인간의 특성을 경험하며 의미심장한 인간성의 이념을 보게 되는 것이다. 특히 인간의 이념을 표현하는 그리스 조각 작품은 인간이 자신을 인식하면서 동시에 아름다움을 경험하게 하는 것이다.

인간의 아름다움은 자기 인식 가능성의 최고 단계에 있는 의지
의 가장 완전한 객관화이며, 직관한 형식으로 완전히 표현된 인
간의 이념이다. …… 인간의 표정과 형태를 바라볼 때, 말로 표현
할 수 없는 만족감이 우리를 고통스럽게 하는 모든 것을 뛰어넘
게 한다. …… 순수한 미적 기쁨이 머무는 한, 우리의 개성, 영원
한 고통을 지닌 우리의 의욕은 사라진다.[29]

그리스 조각 작품인 〈라오콘 군상〉은 감상자에게 자기 자
신에 대해 인식할 것을 직접적이며 강하게 호소한다. 감상자
는 최고 단계의 인간 의지의 표현을 발견하는, 인식하는 주
체로서 인간성이 표현된 아름다움을 경험하게 되는 것이다.

시와 비극

시는 언어를 통해 상상력을 불러일으키며 인간성의 이념
을 직관적으로 보여준다. 또한 익숙한 단어들을 탁월하게 연
결, 조합하여 독자로 하여금 아주 풍부하게 이미지들을 떠올
리게 한다. 독자가 시를 읽으며 구체적으로 환상의 날개를

---

29) A. Schopenhauer, *Die Welt als Wille und Vorstellung I*, hrsg. L. Lükehaus, Zürich, 1988, §45, p. 295.

펼치기 위해서는 주어와 서술어의 결합 방식이 매우 중요하다. 예를 들어 '바람이 월계수 나무 위로 분다'라는 문장은 어떤 표상을 갖게 하지만, 판타지를 일으키는 데는 별로 적합하지 않다. 그러나 다음의 괴테 시를 살펴보자.

> 푸른 하늘로부터 부드러운 바람이 불어온다,
>
> 미르테 나무는 고요하고 월계수 나무는 높이 서 있다(Balladen, Mignon, V. 3).[30]

괴테의 시구절은 우리에게 익숙한 단순한 단어들의 조합만으로 남부 기후에 대한 황홀한 환상을 떠올리게 하며, 우리의 상상력에 생동감을 불어넣는다. 이 시는 실제 풍경을 넘어서 자연의 완전한 그림을 내적으로 상상할 수 있도록 하는 것이다. 더 나아가 이러한 자연의 풍경에 대한 이미지를 통해 인간 자신의 내면의 풍경을 들여다보게 한다.

인간성의 이념을 표현한 최고의 시적 성과는 바로 **비극**이다. 소포클레스(Sophoclēs, BC 496~406)의 〈안티고네〉와 윌리엄 셰익스피어(William Shakespeare, 1564~1616)의 〈햄릿〉 등을 예로 들어 보자. 비극은 삶의 추한 측면, 이른바 이름 없는 고통,

---

30) A. Schopenhauer, *Die Welt als Wille und Vorstellung I*, hrsg. L. Lükehaus, Zürich, 1988, §51, p. 323.

인간성의 비통함, 악의 승리, 조롱하는 우연의 장악, 구조될 수 없는 정의로운 자들, 순결한 자들의 고통을 우리 앞에 펼쳐지게 한다. 인간들 사이의 갈등은 서로 밀어내고 장악하는 참혹한 투쟁으로 전개된다. 거기서 인간의 훌륭한 품성보다는 부조리함과 가련함, 잔혹성, 야비함이 인간의 본질적인 형상으로 자주 표현된다. 비극에는 세계와 현존재의 특성에 대한 의미심장한 신호가 있다.

쇼펜하우어는 비극이야말로 인간 고뇌의 본질적인 뿌리에 대해 가장 심오하고 진실하게 표현한다고 말한다. 개별자로서의 인간은 다양한 희망들, 욕구들, 충동들과 원망들이 서로 교차하며 만족을 갈망하게 된다. 비극은 모든 인간이 품고 있는 삶의 의지를 지속적인 자기 자신과의 분열을 통해 겪게 되는 고통의 한계 지점까지 보여준다. 그리고 그 고통의 한계 지점에서 주인공은 결국 의지를 체념하게 된다. 비극의 주인공들은 모두 삶의 비극을 깨달으며 죽는다. 결국 살려는 의지가 이미 자신 속에 사멸해 버린 후에.

그래서 **비극이야말로 시 예술의 최고봉**이다. 비극 속 주인공은 **인류 고통의 본보기**처럼 자기 삶의 불행을 보여주기 때문이다. 비극을 관람한 관객이 고통의 원인인 모든 의욕과 모든 노력이 무의미함을 깨닫게 될 때 비로소 비극의 목적은 성취된다. 이처럼 관객은 인간 삶의 비극에 공감하며 의지의 집착을 체념하는 과정에서 마음의 평정을 얻는다. 이러한 비극의 효과는 고통을 정화하는 방식으로 의지를 진정시키며, 결국 금욕을 향한 윤리적 태도를 갖게 한다.

세계는 육화(肉化)된 음악이다

쇼펜하우어는 음악을 예술 중에서도 최고의 특별한 위치에 놓는다. 음악은 의지가 객관화되는 특정한 단계의 이념을 표현하는 것이 아니라, 전체 세계의 근원인 의지 그 자체를 들려주기 때문이다. 건축, 회화, 시 예술 등은 단지 의지가 가장 적합하게 객관화된 한 단계의 이념, 즉 '의지의 그림자'를 투명하게 표현한다. 그러나 음악은 무생물, 식물, 동물, 인간에 이르는 모든 단계의 이념을 포괄하는 의지 그 자체의 역사를 직접적으로 표현한다.

음악은 그 어떤 이미지로도 형상화될 수 없는 의지 그 자체의 비밀스러운 전개 과정을 드러낸다. 그래서 쇼펜하우어에게 음악은 모든 예술이 근원적으로 지향하는 의지의 형이상학적 활동의 최종 지점이다.

세계는 육화된 음악이며, 동시에 세계는 육화된 의지이다. 음악은 자연의 세계에서 인간에 이르기까지 가장 비밀스러운 의지의 자기표현 역사를 가진다. 특히 음악은 삶의 기쁨, 착잡함, 고통, 경악, 승리 그리고 슬픔이 담긴 인간 의지의 모든 동요와 충동, 움직임을 그대로 표현하기 때문에 그 효과가 다른 예술보다 훨씬 더 강렬하고 직접적이다.

음악은 의지 그 자체의 모방이다

음악은 의지 그 자체가 객관화된 세계 전체를 느낄 수 있다. 예를 들어 음악에서 기초저음은 만물의 토대가 되는 의지의 가장 낮은 객관화의 단계인 무기물의 세계를 느끼게 한다. 나아가 의지가 객관화되는 이념의 단계들은 화음의 기반인 기초저음과 선율을 노래하는 주도적인 음 사이에서 연속적으로 표현된다. 저음보다 높은음은 식물계와 동물계의 의지 표현을 대변한다. 음계의 특정한 음정은 마치 자연에서 특정한 종의 의지 세계와 유사하게 들린다. 또한 일정한 음정이 없는 불협화음은 마치 인간과 동물 사이의 기괴한 기형처럼 들린다.

음악에서 선율은 인간 이성의 사려 깊음과 노력을 표현한다. 선율에서 주제음은 인간의 삶을 하나의 의미 있는 전체로 이끌어간다. 인간은 자신의 현재에서 언제나 과거와 미래를 숙고하면서 의미 있는 전체로서 생애를 지닌다.

이와 상응하여 음악에서 선율은 처음부터 끝까지 의미심장하고 의도적인 연관성을 가지고 인간 의지의 역사를 들려주는 것이다. 아리스토텔레스가 음악은 '영혼의 감정을 모방하는 선율의 운동'이라고 말한 것처럼 선율과 리듬은 인간 영혼의 상태를 표현하는 것이다.

선율은 인간의 모든 감정의 움직임을 그려낸다. 그리고 삶에서 의지의 노력과 충족, 결핍의 고통, 지루함과 새로운 갈망을 표현한다. 이때 선율은 기본음에서 계속 벗어나서 화음의 여러 단계로 나아가지만, 결국 기본음으로 돌아온다. 짧은 행복의 순간인 소망의 충족에서 재빨리 새로운 소망으로 옮겨가면 기분이 좋아지듯, 기본음에서 크게 벗어나지 않는 빠른 선율은 우리를 즐겁게 한다. 그러나 고통스러운 불협화음이 힘겹게 지속되고 여러 소절을 거친 후에야 기본음으로 천천히 돌아가는 선율은 우리를 슬프게 한다.

이러한 선율을 고안해 내는 것이 천재의 작곡이다. 천재는 인간의 의욕과 감각의 가장 깊은 비밀을 들추어내며 이성으로 이해할 수 없는 언어로 세계의 가장 깊은 본질을 표현한다. 천재의 작업은 마치 최면에 걸린 몽유병자가 깨어나 자기도 모르게 사물에 관해 설명하는 것과 같다.

음악은 무의식적인 형이상학적 활동이다

음악은 모든 현상의 내면적 본질인 의지 그 자체를 표현하는 보편적인 언어다. 특히 불협화음은 음악에서 본질적이다. 삶의 세계는 본질적으로 의지의 충돌로 인한 내적 모순과의 투쟁이기 때문이다. 음악에서도 순수한 화음 체계는 물리적으로나 산술적으로 불가능하다. 음이 나타나게 하는 숫자 자체에는 풀리지 않는 비합리성이 있다. 음악에서 불협화음은 본질적인 것이며, 단지 평균율을 통해 은폐될 수 있을 뿐이다.

쇼펜하우어는 음악을 다른 예술 형식과는 근본적으로 다른 차원에서 설명한다. 즉 다른 모든 예술은 '의지의 그림자'인 이념들을 반영하지만, 음악은 더욱 심오한 차원의 의지 그 자체를 직접적으로 보여준다는 것이다. 철학은 세계의 본질을 보편적인 개념을 통해 사유한다. 그러나 "음악은 무의식적인 형이상학의 활동이며, 거기서 정신은 스스로 철학하고 있는 것을 모른다."[31] 말이 이성의 언어라고 한다면, 음악은 무의식적인 감정과 열정의 언어이다.

이러한 쇼펜하우어의 음악에 대한 생각을 그대로 작곡에 반영한 작곡가가 바그너이다. 쇼펜하우어의 의지 세계를 가

---

31) A. Schopenhauer, *Die Welt als Wille und Vorstellung I*, hrsg. L. Lükehaus, Zürich, 1988, §52, p. 332.

장 잘 표현한 바그너의 오페라는 〈트리스탄〉과 〈이졸데〉이다. 특히 여기서 그는 **불협화음**을 만들어내는 **걸림음**을 활용하였다.[32] 불협화음을 들을 때 우리는 바로 협화음으로 이어지리라는 기대를 하지만, 불협화음이 지속적으로 이어져 불편함과 긴장감이 가중된다.

불협화음은 바로 우리 인생의 본질인 충족되지 않은 갈망과 소망으로 인한 고통을 표현한다. 바그너의 작품은 쇼펜하우어의 이러한 음악사상을 기반으로 기존의 조성 음악 체계를 무너뜨린 현대음악의 출발점이 되었다.

---

32) 걸림음이란 어떤 화음 속의 음이 다음에 이어지는 화음에까지 남아 불협화음을 만들어내는 음이다. 바그너의 걸림음은 불협화음을 만들어내는 화성학의 기술적 장치로 쇼펜하우어의 음악사상에 영향받았다.

4. 의지의 표현으로서 회화

조형예술에는 무기물의 자연력, 식물의 생명력을 표현한 풍경화나 정물화 혹은 동물화나 인물화, 역사적 사건을 다룬 역사화가 있다. 쇼펜하우어의 예술 철학은 특별히 당대나 그 이후의 현대 조형 예술가들의 예술 창조 활동이나 예술가의 작품을 해석하는 데 큰 영향을 미쳤다.

쇼펜하우어의 철학과 예술에 대한 사고에 영향받은 대표적 화가로는 프란츠 마르크(Franz Marc, 1880~1916), 조지프 말로드 윌리엄 터너(Joseph Mallord William Turner, 1775~1851), 그리고 막스 클링거(Max Klinger, 1857~1920)와 조르조 데 키리코(Giorgio de Chirico, 1888~1978) 등이 있다.

자연의 생명력과 추상 예술

회화는 자연의 생명력을 색과 형태를 통해 감상자에게 직접 전달한다. 이를 위해 화가는 우선 자신의 의지와 동일한 자연의 근원적 의지를 몸으로 느껴야 한다. 몸을 통해 체험한 의지는 구름이나 시냇물, 성에 같은 결정체나 식물 등에서 발견하는 생명력과 동일하다.

추상화가인 프란츠 마르크는 쇼펜하우어가 말한 근원적 의지로서의 생명력을 직관하여 강렬한 색채로 표현한다. 그의 미술은 인간에서 동물로, 동물에서 식물로, 식물에서 무기물로 내려가 아직 일정한 형태를 취하지 않는 자연의 생명력을 표현한다. 여기서 자연의 순수한 생명력이 개별적 의욕이 가장 약하게 드러나는 상태에서 잉태하는 모습을 드러낸다.

그의 작품 〈싸우는 형상〉에서는 투쟁하는 동물적인 생명의 힘이 개별적 형태를 형성하지 않은 색의 덩어리로 표현되어 있다. 화가는 다른 존재의 영혼으로 들어가 자신과 동일한 생명력을 체험한다. 화가가 사물들의 내밀한 영혼을 느낀다는 것은 자신의 내부에 살아 있는 생명력을 자연의 한 부분이 되는 것으로 경험하는 것이다.

색의 소리와 숭고

화가의 추상을 향한 움직임은 인간 자신의 무의식적인 의지와 동일한 자연의 근원적 생명력을 몸으로 직접 느껴 드러내고자 하는 것이다. 이러한 예술적 추구는 색채 감성을 통한 회화의 음악화 경향에서 발견할 수 있다. 특히 사람의 감정을 환기하는 색의 힘은 **색채 감성으로서 소리를 듣게 한다.** 색의 소리는 자아와 사물 사이의 분리를 없애버리고, 인간의 영혼을 세계의 영혼과 하나인 것처럼 조화롭게 진동시켜 준다. 이때 회화가 비대상적이며 추상적일수록 음악이 되어간다. 색의 음악은 쇼펜하우어가 말한 의지 세계의 심장 박동을 느끼게 하며, 생명력과 직접 접촉할 수 있게 하는 감정을 환기한다.

터너는 색채가 지닌 감성을 가장 극적이며 강렬하게 발휘하는 화가이다. 그의 캔버스에서 색은 그 앞에 있는 모든 것—선, 형태, 주제, 심지어 대상마저도 쓸어버리는 숭고의 경험을 일으킨다.

그의 대표작인 〈바다에 던져진 노예〉는 감상자에게 역동적 숭고를 일으킨다. 감상자는 자연의 폭력에 휩쓸려 가는 보잘것없는 개인 삶의 무상성을 느끼면서 자신의 의욕이 진정되면서 스스로 고양되는 감정을 경험한다. 이때 마음의 동요가 일어나지 않는 평정 상태에서 숭고의 감정을 느끼게 된다.

회화에서의 비극적 세계 인식

클링거는 쇼펜하우어의 철학에 깊은 영향을 받고, 그의 기본사상을 소묘 등의 회화적 형태를 통해 표현한 작가다. 그의 작품 〈고통〉과 〈무로 돌아감〉의 연작들은 이 세계의 비극성과 이로 인한 의지의 부정에 대한 사유를 보여준다.

그는 다음과 같이 이야기한다.

> 작가는 …… 영원히 충족되지 않는 빈틈, 즉 의욕과 할 수 있는 것, 동경하는 것과 도달한 것 사이에 직면해 있다. 그리고 그는 자신에게서 도저히 일치될 수 없는 **힘들을 견뎌 내는 것뿐이다**.[33]

작가는 소묘 등의 회화적 수단을 통해서 이 세계의 비통함을 제시하면서 인간 욕구 집착의 무상성과 의지의 부정을 명백히 표현한다. 그의 작품은 개인 의욕의 부정과 더불어 같은 운명을 지닌 비극적 삶 속에 있는 타자들에 대한 동정심을 느끼게 한다. 특히 이러한 쇼펜하우어적인 비극적 인식과

---

33) M. Koniczec, "Schopenhauers Künstlerphilosophie par exellence im Spiegel der bildenden Künste", in: Schoperhauer Jahrebuch 93, Würzburg 2012, p. 313. 크링거는 독일의 그래픽 작가, 조각가 그리고 화가이기도 하며 오늘날 쇼펜하우어 철학의 수용사에서 가장 많이 언급되는 예술가 중의 하나이다.

그 효과는 그의 작품 〈무로 돌아감〉에서 경험해 볼 수 있다.

거기서 '무(無)'라는 개념은 일종의 고뇌의 근원인 자신의 의욕에서 해방되어 결국 무욕의 세계를 향한 구원의 의미를 지닌다. 즉 의욕의 수레바퀴에서 벗어나 고통에서 해방되는 경지로서의 무는 금욕주의자나 성자에게나 도달할 수 있는 경지이다. 클링거는 이것을 자신의 고유한 예술적 방식으로 표현한다. 그래서 그의 작품은 비극적 세계에 대한 인식을 통해 고통의 근원인 의욕을 체념하게 되는 숭고의 감정마저 느끼게 한다.

형이상학적 회화와 멜런콜리(melancholy)

키리코의 회화는 형이상학적 회화로 불린다.[34] 키리코는 이탈리아의 화가로 초현실주의와 형이상학적 회화의 선구자이다. 그의 작품들은 개별자의 표상 세계를 벗겨내며 세계의 근원으로 나아가는 비밀스러운 통로를 보여준다. 특히 〈거리의 우수와 신비〉는 형이상학적 회화의 출발을 알린다. 여기서 표현된 일상적 사물들은 주어진 세계와의 관계를 잃어버

---

34) 키리코는 이탈리아의 화가로 초현실주의와 형이상학적 회화의 선구자이다.

리는 생소한 느낌과 이질적인 분위기를 자아낸다. 우리 눈에 익숙한 사물들의 관계는 방향을 잃고 단절된 채 감상자에게 무의미 속을 거닐게 한다.

그의 회화에서는 작품의 공간 속에서 사물의 배치가 어긋나고 시간의 질서가 해체된다. 거기서 주체가 마주하는 표상 세계의 질서가 해체되면서 그 내면의 수수께끼 같은 비밀이 멜런콜리한 분위기로 드러나게 된다.

예술은 근원적 의지를 적합하게 드러내는 무의식의 세계로 가는 통로를 보여준다. 키리코의 작품은 마치 잠에서 막 깨어난 상태, 즉 꿈과 실재의 경계가 희미한 상태에서 망각된 어떤 근원적인 것이 충격적으로 우연히 떠오르게 하는 듯하다.

그는 〈불안한 아침〉에서 그림 속 사물들이 마치 우리를 보고 있는 것 같은 시점과 소실점을 흩어지게 하는 원근법을 사용한다. 그래서 그림 곳곳에서 대상을 응시하는 공간의 변형, 형태의 반복 등이 일어난다. 이러한 수수께끼 같은 형이상학적 기호들은 시간과 공간, 그리고 인과율에 지배된 표상 세계의 사물 질서를 해체한다.

이처럼 키리코의 형이상학적 회화는 우리에게 익숙한 표상 세계의 베일을 벗기면서 사물들의 질서가 해체되는, 불안하고 생경한 느낌을 불러일으킨다.

5. 고통의 치유술로서 예술

예술과 미적 구원

예술은 의지의 세계 전체를 비추는 투명한 거울이다. 쇼펜하우어는 예술만이 잠시나마 삶의 고통을 잊게 하고 삶의 위로를 준다고 말한다. 예술을 통해 세계의 본질에 대해 순수하고 심오한 인식을 하는 동안 우리는 삶의 비탄과 고뇌에서 벗어날 수 있기 때문이다.

예술이 주는 모든 아름다움에 대한 즐거움과 위로, 삶의 노고를 잊도록 하는 예술가의 열정, 이런 것들이야말로 다른 모든 사람 중에서도 천재가 지니는 장점이다. 이것만이 의식이 명석할수록 깊어지는 고뇌와 이질적인 삶에서 느끼는 지겨운 고독을 보상해 주는 유일한 것이다. …… 삶, 의지, 현존재 그 자체가 영원히 고통스럽고, 한편으로 비통하고, 다른 한편으로는 끔찍하지만, 예술가는 삶을 오로지 표상으로써 순수하게 직관하고, 혹은 예술을 통해서 재현함으로써 고통으로부터 해방되는 의미심장한 연

극을 보여준다.[35]

그러나 예술은 그를 고뇌로부터 영원히 구원하는 것이 아니다. 그러면 예술은 어떻게 우리의 삶에 지속적인 위로를 주고 고통에서 벗어나게 할 수 있는가? 일반적으로 자기의식에 갇혀있는 사람은 자기 욕구를 충족하기 위한 수단으로 개별 사물을 대한다. 그러나 예술을 통해 아름다움을 자주 경험하게 되면, 그 효과는 순간의 위로를 넘어선다. 예술을 통한 미적 경험은 우리의 마음을 고통의 원인인 자기 욕구와 집착에서 멀어지게 하여 점차 타자에게 향한 윤리적 태도를 준비하게 할 수 있다.

비극적 삶과 동정심

우리는 특히 비극을 감상하면서 인간 삶의 고통 원인이 욕망에 있음을 깨닫게 된다. 이러한 인간 삶에 대한 통찰은 결국 욕망에 대한 체념으로 향하게 할 뿐 아니라, 동시에 타인에 대한 동정심을 일깨워 덕행으로 나아가게 한다.

---

35) A. Schopenhauer, *Die Welt als Wille und Vorstellung I*, hrsg. L. Lükehaus, Zürich, 1988, §52, p. 352.

동정심은 인생에서 항상 타인의 고뇌를 자신의 고뇌와 직접적으로 일치시키는 경험에서 생겨난다. 덕행이란 바로 이러한 동정심을 바탕으로 개인의 이기심을 허물고 타인의 고통을 경감시키는 행위이다.

무대 위에 전개되는 비극적 주인공들의 운명은 타인에 대한 동정심을 일깨워준다. 비극은 결국 인간이 살다가 죽는 것이 의지의 현상이라고 깨닫게 하면서 삶의 고통에 대한 연대감을 경험하게 한다. 이러한 비극은 덕의 실행으로서의 자비를 실천할 수 있도록 마음의 변화를 줄 수 있다.

예술은 의지가 객관화된 세계를 직관적 방식으로 가장 투명하게 바라보게 한다. 자연의 생명력을 표현한 예술은 모든 존재의 근원이 본질적으로 자기 안의 의지와 동일한 의지라는 경험을 하게 한다. 이러한 미적 경험이 반복될수록 감상자는 개인의 자의식에서 벗어나 자연의 생명력에 공감하는 마음을 가지게 된다.

또한 비극 예술은 인간 삶의 본질인 고통에 대한 경험을 통해 감상자를 의욕의 체념 상태로 이끌면서 금욕을 향한 삶의 태도를 준비하게 할 수 있다.

결국 예술은 영원한 행복을 약속하지도 않고, 금욕을 통해 완전히 고통에서 벗어나게 하지도 않는다. 그러나 예술은 자아의 집착에서 벗어나 나와 같은 생명력의 원천인 근원적 의

지를 향해 전체 세계로 마음을 넓혀준다. 동시에 비극과 같
은 예술은 타자의 고통에 동참하는 동정심이라는 선한 마음
의 심정을 갖게 할 수 있다.

05

덕과 정의란
무엇인가

　인간은 자기 보존을 위한 이기적 본성을 지닌다. 인간의 이기심은 자신뿐만 아니라 타인의 삶을 고통스럽게 할 수 있다. 그렇다면 인간은 어떻게 이기심에 의한 고통에서 벗어날 수 있을까?

　우선 인간은 자기 이기심으로 타인에게 고통을 주는 불의를 행하지 말아야 한다. 이것이 바로 정의이다. 정의는 타인에게 불의를 행하지 않는 것이며, ‘그 누구도 해치지 말라’는 것이다. 타인에게 불의를 행하지 않기 위해서는 동정심을 지녀야 한다. 타인에 대한 동정심은 자기 이기심의 부정에서 생기기 때문이다.

　그래서 쇼펜하우어의 윤리는 동정심의 윤리이다. 그리고 이러한 동정심을 바탕으로 한 정의가 바로 덕의 실현이다. 그러면 인간의 이기적 본성이란 무엇인가? 그리고 덕의 기초로서 동정심이란 무엇인가?

1. 인간 본성과 이기심

　인간은 자신의 고유한 실존과 행복을 위해 모든 다른 것들을 수단으로 삼고자 한다. 이것이 바로 이기심이다. 그래서 인간은 본성적으로 자신을 위해 모든 것을 의욕하고, 자신에게 저항하는 것을 없애려고 한다. 이러한 이기주의는 개인의 삶을 이끄는 존재의 원리이기도 하다. 이성이 개인의 행복에 이르는 삶의 지침을 제시할 수 있지만, 반드시 덕을 갖춘 행위로 이끌지 않는다. 이기적인 인간에게 이성은 단지 자기 보존을 위한 합리적 수단일 뿐이며, 타인의 의지를 방해하는 불의의 수단이 될 수 있다. 그래서 나의 이기심에 의해 불의를 행하지 않는 것이 소극적 의미에서 정의로운 것이다.

　인간 행위를 이끄는 동기는 악의, 이기주의, 동정심이다. 악의는 맹목적인 삶의 의지가 지닌 파괴적인 측면을 드러냄으로써 타인에게 해를 끼친다. 이기주의는 자신에게 도움이 되는 한 타인을 해칠 수도 있지만, 타인의 존재를 수용하고 나아가 타인과의 공존을 도모할 수도 있다. 그러나 악의는 자신에게 아무런 이익도 없는데 남에게 손해와 고통을 가하려고 한다. 이러한 이기주의와 악의는 인간 본성의 특징이기도 하다.

그런데도 개인은 자기 이기심을 부정하고 타인에 대한 동정심을 가질 수 있다. 개인은 어떻게 현실에서 이기주의와 악의를 물리치고 동정심을 행위의 동기로 삼을 수 있을까? 여기서 바로 행위의 동기가 되는 **타고난 성격과 습득된 성격**에 대한 이해가 중요하다. 타고난 성격에 대한 경험을 바탕으로 동정심을 지닌 성격을 습득하는 것이 덕행으로 나아가게 할 수 있기 때문이다.

2. 행위의 동기와 성격

경험적 성격이란

과연 인간의 성격이란 무엇인가. 자연 모든 생명체의 같은 뿌리인 의지는 동물과 인간에게 삶의 기본적인 욕구로 표현된다. 식물의 생명력이 자극과 반응에 의한 힘과 성질을 통해 표현되듯, 인간과 동물에게 생명력은 타고난 성격을 통해서 표현된다. 그래서 인간의 성격이란 그 자체가 무의식적인 자연의 충동이며, 타고난 힘과 기질이다. 이 타고난 성격은 평생 한 개인의 특별한 능력이나 욕구를 성취하는 데 영향을 미친다.

인간은 자주 무의식적으로 욕구의 충동에 따라 행위를 한다. 실제로 자신이 왜 이런 행위를 하는지도 모른 채 감정적 충동에 따르는 경우가 많다. 지성에 복종하지 않는 무의식적 의지는 개인의 근본 성격을 통해 드러난다. 이는 특히 인간의 경향심이나 정서 그리고 정열로 드러난다.

타고난 자연적 기질로서 성격은 인간의 이성으로 변화시

킬 수 없다. 간혹 인간은 자신의 고집스러운 성격 때문에 저지른 실수를 인식하고 후회하면서 이를 개선하기 위한 계획을 세운다. 그러나 다음 기회에 다시 똑같은 실수를 한다. 새롭게 후회하고 또 계획해도 반복되는 실수에 대해 그는 스스로 개선할 수 없게 됨을 깨닫는다. 곧 실수는 자신과 하나라는 것을 느끼는 것이다. 인간은 타고난 성격에서 나온 실수를 이성적으로 고칠 수 없다.

따라서 타고난 성격은 필연적으로 행위의 동기로 작용하여 개인의 특정한 행위 방식을 결정한다. 그런데 어떻게 이러한 성격이 우리 행위의 동기로 작용한단 말인가? 보통 타고난 성격에는 아직 방향이 정해지지 않는 무의식적인 다양한 기질들이 잠재되어 있다. 그리고 이 성격은 어떤 상황에서든 경험을 통해 드러난다. 이것이 바로 경험적 성격이다.

하지만 어떤 기질은 경험을 통해 출현하지만, 또 어떤 기질은 사용하지 않아서 발현되지 않을 수도 있다. 그래서 기질은 경험을 통해 스스로 알 수 있지만, 자신도 모른 채 평생 묻힐 수도 있다.

쇼펜하우어에게 인간의 성격이란 의지가 객관화된 총체적 현상이다. 이것은 행위의 동기로 작용하면서 개인이 성취할 수 있는 행위와 그 영향을 처음부터 규정한다. 인간에게 의지의 자유란 어쩌면 거의 상상의 산물에 불과한 것일지도 모른다.

인간은 타고난 고유의 성격을 변화시킬 수 없을까? 물론 타고난 성격을 변화시킬 수는 없지만, 이를 기반으로 스스로 성격을 습득하여 다양한 행위를 할 수 있다. 그렇다면 스스로 성격을 습득하는 것은 어떻게 가능하며, 이러한 성격은 우리의 삶에서 어떤 모습으로 드러나는가?

습득된 성격이란

타고난 천성인 기질이나 능력, 재능은 어떤 상황에서 경험에 의해 스스로 발견되거나 타인에 의해 일깨워진다. 또한 우리는 자기 인식을 통해 성격의 기질을 스스로 파악할 수도 있다. 여기서 자기 인식이란 경험을 바탕으로 성격과 기질을 이성적으로 바라보는 것이다. 우리는 경험을 통해 자신의 기질이 무엇을 원하고, 무엇을 할 수 있는지 알 수 있다. 그래서 어떠한 기질이 추구할 가치가 있는지, 삶에 유용한지 판단할 수 있다.

인간은 이러한 방식으로 자기 기질을 선별하고 평가하며 이차적으로 개별화시켜 고유한 성격을 획득할 수 있다. 이것이 바로 **습득된** 성격이다. 출생과 함께 타고난 성격은 경험을 통해 일차적으로 직접 출현한다. 그리고 이러한 **성격의 이차적인 개별화가 습득된 성격이며, 이는 곧 자기 인식의 결과이다.**

그렇다면 자기 인식에 따른 습득된 성격을 어떻게 지닐 수 있는가. 타고난 성격은 매번 똑같은 방식으로 개인의 행위 방식을 규정한다. 그럼에도 불구하고 인간은 경험을 통해서 자신의 기질과 능력을 자각할 수 있다. 그리고 자신의 성격에 맞는 목적을 향해 삶의 척도와 방향을 정할 수 있다.

예를 들어 고집이 세고, 어떤 일이든 끝까지 밀고 나가는 성격의 소유자가 있다고 가정해 보자. 자신의 이런 기질을 스스로 파악하는 자는 자기가 세운 목표를 끝까지 해내는 추진력을 가질 수 있다. 그리고 고집으로 인해 타인에게 피해를 줄 수 있다는 것을 스스로 평가하여 자제할 수 있는 성격을 습득해 나갈 수 있다.

자기보다 약한 사람을 지배하려는 기질을 지닌 사람이 이에 대한 자신의 충동을 자각하게 되면, 이러한 충동이 행위로 실행될 기회를 스스로 차단하는 방식을 습득해야 한다. 습득된 성격을 지닌 사람은 단지 자신의 기질과 능력만을 자각하는 것이 아니라, 모든 자기 능력의 '척도와 방향'을 아는 것이다. 그래서 그는 자신의 이성적 능력에 의해 혼란스러운 기질과 능력에 대한 질서를 부여함으로써 행위의 척도와 방향을 잡을 수 있다.

이처럼 자신의 고유한 이차적 **성격**을 습득하기 위한 열쇠는 바로 타고난 성격이 지닌 다양한 특성을 인식하여 결핍의 원인과 고뇌의 근원을 생각해 보는 것이다. 자신의 성격을 자각하고 스스로 방향을 제시하는 것이야말로 욕구와 고통의 근원을 이해하여 고통을 줄이는 가장 확실한 길이기 때문이다. 결국 이러한 자기 인식은 덕행의 동기가 되는 **동정심을 지닌 성격**을 습득하기 위한 것이다.

3. 덕과 동정심

덕과 동정심

인간의 근본적인 덕은 정의의 덕이거나 인간애의 덕이다. 이 덕은 동정심이 바로 나와 타인의 고통을 줄이기 위한 행위의 동기로 작용해야 한다. 그리고 동정심이 발휘되기 위해서는 이기주의를 극복할 수 있어야 한다. 이기주의는 나의 모든 의욕에 의한 필요와 결핍과 그래서 내가 경험하는 고통의 원인이기 때문이다. 그렇다면 어떻게 이기심을 극복할 수 있을까?

동정심은 우선 나와 타자 모두 고통의 근원이 결국 '삶의 의지'에 있다는 통찰로부터 발생한다. 인간 삶의 본질이 고통이라는 통찰을 통해 발생하는 동정심은 자신의 고유한 육체로부터 발생하는 의욕을 거부하도록 한다. 또한 이기적 동기를 부정하여 금욕주의적 삶으로 나아가게 한다. 이러한 동정심을 실현하는 금욕주의적 삶은 성 프란체스코 같은 성자들의 삶의 여정을 통해 이해할 수 있다.

물론 동정심은 이러한 통찰 없이 인간 개인이 직접 타자의 고통을 경험함으로써 생겨나기도 한다. 그가 고통받는 것이, 자신에게 매 순간 명백하고 생생하게 의식되면서 그의 고통을 함께 느끼는 것이다. 동정심이란 타인의 고통을 있는 그대로 느끼는 것이다. 그렇다면 동정심은 우리 삶에서 어떻게 발생하는가?

동정심은 첫 번째 단계로 누군가의 불의나 폭력에 의해 타인이 고통받는다는 생각에서 시작된다. 이러한 타인의 고통에 대한 의식으로부터 '누구도 해치지 말라'는 원칙이 나타난다. 그다음 단계의 동정심은 적극적이며 능동적 상태이다. 타인의 고통에 대한 의식은 그 자체로, 직접적으로 내가 행위를 하도록 동기를 부여한다. 이때 나는 타인을 해하지 않을 뿐만 아니라 타인을 적극적으로 돕고자 한다. 인간애의 덕과 가능한 모두를 도우라는 박애는 바로 이러한 타인의 고통에 직접 관여함으로써 생겨난다.

그리하여 타자를 위한 선행, 사랑, 고결함을 행하는 것은 항상 타인의 고통을 경감시키는 것이다. 그래서 이것들을 행해서 훌륭한 행동과 자선으로 나아가게 하는 것은 항상 자신의 고뇌에 대한 인식이며, 자신의 고유한 고뇌와 직접적으로 일치시키는 것이다. 이로부터 순수한 사랑은 …… 타인의 고통에 대한 인식, 즉

자기 심정의 동정심에서 나오는 것이다.[36]

동정심은 나를 타인의 상황, 그의 결핍, 그의 필요, 그의 고통에 직접적으로 관련시킨다. 그러면 나는 그를 더 이상 나와 무관한, 나와 완전히 다른 타자로 바라보지 않게 된다. 그의 피부에 나의 신경이 닿지 않아도 그가 나와 똑같이 고통받는다는 의식이 나에게 행위의 동기가 될 수 있다. 즉 자신의 고뇌를 타인의 고뇌와 일치시키는 인식을 통해 타인의 고통을 줄이고자 하는 열망이 일어난다. 그리고 이러한 열망은 곧 타인의 고통을 줄이기 위해 적극적으로 돕는 선행으로 발전하게 된다.

동정심과 습득된 성격

이처럼 동정심은 타자를 위한 선행과 정의, 인간애를 실현하기 위한 근본 동기가 된다. 그런데 왜 어떤 사람은 정의로운 행동을 하고 또 어떤 사람은 그렇지 않은가?

쇼펜하우어는 그 이유를 바로 성격에서 찾는다. 인간의 성

---

36) A. Schopenhauer, *Die Welt als Wille und Vorstellung I*, hrsg. L. Lükehaus, Zürich, 1988, §67, p. 484.

격 차이는 선천적이고, 근절될 수 없기 때문이다. 인간 행위의 동기인 이기심과 악의, 동정심은 각자의 성격에 따라 다르게 나타나고, 다양한 관계를 맺으며 작동한다. 결국 동정심이 발휘될 기질을 풍부하게 타고난 사람은 이기심에서 빠르게 벗어나 다른 사람을 돕고자 하는 마음을 지니게 된다. 그렇다면 본래의 성격을 바꿀 수 없는데도 인간 누구나 동정심을 행위의 동기로 삼는 덕을 지닐 수 있는가?

실제로 한 개인이 자신의 성격을 자유롭게 바꾸어 새로운 사람으로 거듭나는 것은 불가능하다. 왜냐하면 성격은 태어날 때부터 인간의 개별 의지가 각인된 것이며, 그 성격에 따라 행위의 동기가 일어나기 때문이다. 유전학적으로 아이는 부모로부터 성격을 물려받는다. 명랑한 정서나 행복한 활기 같은 심적 정서도 타고난 기질에 속하며, 이것은 인간이 누리는 기쁨이나 괴로움의 정도를 결정한다. 성격의 차이는 고통의 수용 능력에도 해당한다. 성격이 다르면 고통을 받아들이는 크기와 강도가 다를 수밖에 없다. 성격은 마치 체형처럼 한번 정해지면 본성상 쉽게 바뀔 수 없다.

그러나 동정심을 행위의 동기로 삼는 성격은 후천적으로 습득된다. 특히 성격이 인간 행위의 동기를 결정하기 때문에, 동정심을 지닌 성격을 습득하기 위한 노력이 중요하다. 예를 들어 고통에 냉담하거나 예민한 기질을 타고난 사람이라고 할지라도 자기중심에서 벗어나는 노력을 해야 한다. 동정심을 지닌 습득된 성격을 얻기 위해서는 무엇보다도 경험을 통해 발견한 타고난 자기 기질과 성격에 대한 지속적인 깨달음과 자기 통제를 해야 한다. 이를 통해 이기심에서 벗어나 타자의 고통에 참여할 수 있다.

그래서 동정심을 지닌 성격은 타자의 고통에 참여하는 자신의 기질과 능력에 대한 경험과 자기 인식을 통해 나중에 드러난다. 동정심은 심정의 진실한 선함을 지닌 덕으로, 인간 삶 전반에 영향을 미치며 타자에 대한 선행으로 나타난다.

4. 정의

　동정심의 윤리를 실현하는 것은 어렵다. 동정심은 근본적으로 삶의 본질이 고통이라는 성찰로부터 자신의 이기심에서 벗어나야 생기는데, 누구나 이러한 성찰에 도달할 수는 없다. 또한 타고난 성격에 따라 타자의 고통에 참여하는 정도도 다를 수밖에 없다.

　쇼펜하우어는 실질적으로 자기 이기심에서 벗어나 동정심이 구체적인 행위로 구현되는 방식을 보여준다. 구체적인 행위란 타인이 받는 고통을 제거하거나 줄이기 위한 실천 방식이다.

　그래서 이기적인 인간에게 현실 속에서 윤리적 행위를 위한 준칙은 '누구도 해치지 말라'다. 이러한 행동이 **정의 또는 정당함인 것이다.** 그래서 정의는 타인에게 불의를 행하지 않는 행위들을 규정한다. 동정심의 윤리는 타인을 해치지 않는 것(**법 의무**)과 더 나아가 타인을 도와주는 것(**덕 의무**) 모두를 포함한다.

정당한 행위와 부당한 행위

이러한 정의의 반대는 '부당함'이다. 부당한 행위란 자신의 이기적인 행위 때문에 타인의 살려는 의지를 부정하는 것이다. 여기엔 우선 부당한 일을 당하는 사람과 부당한 일을 행하는 사람이 있다. 부당한 일을 당하는 사람은 타인의 의지가 자신의 의지 영역을 침범함으로써 고통을 느낀다. 이러한 고통은 타인의 의지가 자신의 살려는 의지를 제한하거나 부정하기 때문에 발생한다. 반면 부당한 행위를 하는 사람은 자신의 의지 때문에 타인의 살려는 의지까지 부정함으로써 다른 사람을 고통스럽게 한다.

그래서 부당함과 정당함의 기준은 의지가 다른 개인 의지의 영역을 침범하는가에 달려 있다. 모든 형태의 부당한 행위들은 개인들 사이에서 의지의 충돌을 야기하여 삶을 고통스럽게 한다. 구체적인 예로, 살인, 폭력, 계략, 도적질 등이다. 타인의 인격을 해치거나, 자유를 억압하거나, 소유물을 빼앗거나, 명예를 훼손하는 행위들은 근본적으로 타인의 의지를 부정한다는 점에서 동일하다.

인간은 이기적 본성 때문에 쉽게 타인의 존재를 해치려 한다. **부당한 행위**는 구체적으로 타인의 신체를 해치거나 타인을 기만하는 것에서 잘 드러난다. 신체적 부당함과 정신적 부당함은 각각 폭력이나 술수(계략)에 의해 일어난다. 신체적 폭력은 타인의 신체에 고통을 준다. 술수는 거짓 동기를 제공함으로써 타인이 자신의 의지에 따르게 한다. 폭력과 달리 술수는 타인의 인식을 위조함으로써 타인의 의욕과 행위에 잘못된 동기를 부여하여 속이는 행위이다.

거짓말은 타인의 의지에 직접적으로 작용하지 않는다. 거짓말은 고도의 인식 작용을 매개로 자신의 이기심을 채우기 위해 타인의 살려는 의지를 제한하거나 훼손하는 부당한 행위다. 이에 반해 인간의 정직과 솔직함은 정당한 행위이다. 이는 개인마다 단절되어 자기 안에 고립된 의지를 서로 연결하여 이기심을 억제하도록 한다. 그러나 거짓말은 개인의 이기심을 극대화해 타인의 의지를 오로지 자신의 의지에 지배받게 할 뿐이다. 거짓말로 인한 불성실과 배신은 자신의 의지를 타자에게 무제한으로 확장한 결과이다.

자신의 의무를 이행하지 않아서 타인에게 해를 입히는 것도 부당한 행위이다. 어떤 사람이 자신의 의무를 소홀히 해서 보호받아야 할 타인의 의지가 부정되는 경우도 있다. 여기에는 부모의 의무, 학생의 의무, 직무상의 의무 등이 있다. 그런데 이러한 의무가 동의가 아닌 강제적 폭력에 의해 부과된 경우가 있다. 이런 경우의 의무는 준수하지 않아도 부당한 행위라고 할 수 없다.

또한 이중의 부당함이 발생하는 경우도 있다. 보호받아야할 타인을 해치려 할 때, 즉 감시인이 도둑이 되고, 후견인이 피후견인의 재산을 빼앗는 경우 등이다. 이들은 자신들의 의무를 다하지 않을 뿐만 아니라, 결국 타인을 해치게 되는 것이다. 이것은 일종의 배신행위로 아주 혐오할 만한 이중의 부당함으로 간주된다.

인간에게 정당한 행위는 소극적이다. **정당한 행위는 부당한 행위를 부정하는 것이다.** 정당한 행위는 타인에게 부당한 행위를 하지 않을 뿐 아니라, 자신에게 가해지는 타인의 부당한 행위를 물리치는 것까지 포함한다. 따라서 정의는 개인의 의지가 서로 침해당하지 않기 위한 모든 행위를 허용하는 것이다. 다시 말해 타인이 폭력으로 나의 의지를 해치는 경우, 나는 이러한 폭력을 물리칠 권한이 있어야 한다.

선한 행동이란

쇼펜하우어에게 절대 선, 최고선이란 존재하지 않는다. 본래 선이란 우리의 의욕이 충족된 상태이다. 그런데 내 의욕의 충족이 타인에게 해가 될 수 있고, 반대로 타인의 의욕 충족이 내게 피해를 줄 수 있다. 특정한 순간에 충족된 의욕은 멈추지 않고 다시 새로운 대상을 향하기 때문에 의지의 궁극적 만족은 불가능하다. 그래서 언제나 **선은 상대적이며, 일시적이다.**

물론 어떤 사람은 자신의 이기심 때문에 타인의 의지를 부정하는 악한 행동을 한다. 이기적이며 악의를 지닌 사람에게 타인의 존재는 '아무런 실재성이 없는 가면을 쓴 사람'이다. 그래서 악의를 지닌 사람은 항상 자기의식 안에 사로잡혀서 자신과 타인 사이에는 극복될 수 없는 단절이 있다. 그런데 악도 상대성을 지닐 수밖에 없다. 자신만을 위한 이기적인 행위가 상황에 따라 타인을 해칠 수 있지만, 그렇지 않을 수도 있기 때문이다.

일시적 정의란

정의는 타인에 의해 부당한 일을 당하지 않을 권리를 부여한다. 이러한 권리를 다루는 것이 **법**이다. 그래서 **정의는 도덕과 법을 서로 연결한다.** 도덕과 법은 서로 다른 관점에서 정의를 실현한다. 도덕은 행위자가 부당한 일을 하지 않는 **마음의 의지**에 주목한다. 그러나 법은 부당한 행위로 인해 어떤 사람이 부당한 일을 당하는 것에 주목한다. 이러한 관점에서 도덕은 인간의 부당한 행위에 대해 더 엄격하다. 도덕에서는 어떤 행위를 하고자 하는 **동기로서 심정과 의지가** 중요하기 때문이다. 그러나 법은 이러한 마음의 의지가 구체적인 행위로 드러나 타인이 부당한 일을 당한 것에 대해 다룬다. 그래서 법에서는 실제로 일어난 **행위와 사건**만이 논의의 대상이 된다.

윤리적 행위를 실현하기 위해서도 법의 역할은 중요하다. 그 이유는 법은 타인의 권리를 침해하지 못하도록 위협함으로써 부당한 행동을 하려는 동기를 적극적으로 억제할 수 있기 때문이다. 법은 처벌을 통해 부당한 행위의 동기를 적극적으로 제거할 수 있다. 하지만 이러한 법의 효력을 유지해 주는 처벌은 단순한 복수와 구분되어야 한다.

처벌은 전적으로 미래를 향한 것이지만, 복수는 미래를 위한 그 어떤 목적 없이 타인에게 고통을 가해 부당한 일에 대해 앙갚음하는 것이기 때문이다. 복수는 자신이 받은 고통에 대한 위로를 받으려는 것에 불과하며, 오히려 인간의 악의를 드러낸다. 특히 국가에 의한 처벌은 복수와는 달리 오로지 미래 공공 안보의 회복이란 목적을 위한 수단으로써 위력을 지닌다.

법은 개인들 사이의 갈등을 근본적으로 제거할 수 없다. 특히 처벌은 근본적으로 이기적 본성을 지닌 인간의 부당한 행위를 매번 막을 수 없고, 일시적으로 제한할 뿐이다. 처벌을 통해 실행되는 정의는 단지 **'일시적인 정의'**뿐인 것이다.

영원한 정의란

이렇듯 일시적 정의는 처벌을 통해 타인의 의지를 해치는 행위를 저지한다. 그러나 인간의 이기심은 여전히 새로운 고통을 야기하며, 결코 고통에서 벗어날 수 없게 한다.

쇼펜하우어는 이러한 일시적 정의와 구분하여 **영원한 정의에 대해 이야기한다.** 이 영원한 정의는 일시적 정의에서 강조하는 정당한 행위와 부당한 행위의 구분에 얽매이지 않는다. 영원한 정의는 살려는 의지에 집착하는 것 자체가 고통을 야기한다는 것에 주목한다.

그래서 **영원한 정의**의 입장에서는 인간이 자기 보존 욕구에 따라 삶에 집착한 대가로 고통을 당하는 것 자체가 '일종의 처벌'인 것이다.

일시적 정의는 자기 보존 욕구의 거부를 적극적으로 하지 않으며, 항상 상대적이다. 그러나 **영원한 정의는 삶의 본질 자체가 고통이란 것에 대한 통찰을 요구한다.** 즉 고통을 가하는 자와 고통을 당하는 자 모두 맹목적으로 살려는 의지의 지배에 놓여 있어서 이들 모두 고통에서 벗어날 수 없다. 따라서 '고통을 가하는 자와 고통을 당하는 자' 사이의 차이는 현상에 불과하다.

우리는 이 경우 '의지가 자신에게 봉사하는 인식에 의해 기만되고 오인되고 있음'을 통찰해야 하는 것이다. 타인에게 고통을 가하는 사람은 오히려 영원히 충족되지 않는 의지의 욕망에 이끌려 끊임없이 새로운 충족의 대상을 찾아 더욱 고통을 겪게 될 뿐이다. 또한 고통을 당하는 사람도 마찬가지이다. 영원한 정의의 입장에서 모든 인간은 궁극적으로 삶의 집착에서 오는 고통에서 벗어날 수 없다.

영원한 정의는 표상 세계의 본질을 꿰뚫어 볼 때 주어진다. 영원한 정의를 인식하는 자는 모든 개별자 사이의 차이나 개체성을 '무상한 기만적 현상'으로 바라볼 수 있다. 그리고 이 세계 삶의 본질이 고통이라는 것에 대한 통찰과 함께 동정심이 일어난다. 이때 그는 타인의 고통을 자신의 고통으로 여기며, 나아가 타인의 고통을 줄이기 위해 자신의 향락을 단념하고 자신의 궁핍을 감수하고자 한다. 이러한 **영원한 정의**야말로 덕의 기반인 동정심을 완전히 실현하게 하는 것이다.

쇼펜하우어에 의하면 이러한 영원한 정의가 특히 고대 인도인들이 말하는 영혼의 윤리에서 잘 드러난다. 고대 인도인들은 윤회설을 통해 살아가면서 다른 존재에게 가한 모든 고통은 바로 다음 삶에서 똑같은 죗값을 치른다고 믿는다. 윤회가 의미하는 것은 자기 이기심에 사로잡혀 다른 사람에게 가한 그 고통은 어떻게든 자신에게 되돌아온다는 것이다.

06

죽음이란 무엇인가

1. 죽음과 시간 의식

죽음에 대한 두려움

죽음이란 무엇인가? 누구나 태어났으면 죽는다는 것은 너무나 명백한 진리이다. 그런데 우리는 죽는다는 것에 대해 불안과 두려움을 느낀다. 동물은 죽음에 직면해도 두려워하지 않는다. 인간이 죽음을 두려워하는 이유는 무엇일까? 아마 죽음 이후에 영원히 없어진다는 '비존재'에 대한 생각을 수용할 수 없기 때문일 것이다.

그런데 우리는 보통 출생 이전에 나의 '비존재'에 대해서는 어떤 두려움도 갖고 있지 않다. 그렇다면 죽음 이후에 나의 '비존재'에 대해서도 두려움을 가질 필요가 없지 않은가. 내가 태어나기 전에 시간 의식이 없는 것처럼 죽음 이후에도 시간 의식이 없어서 두려움을 느끼지 못할 것이기 때문이다.

인간이 시간 의식을 지니는 것은 신체의 한 부분인 두뇌의 인식 작용 때문이다. 쇼펜하우어에 의하면 인간에게 불멸의 영혼이나 불멸의 정신은 존재하지 않는다. 그래서 인간의 의식은 죽음으로 두뇌의 작용이 소멸할 때 모두 사라진다. 인간 개별자 삶의 소멸은 동시에 두뇌의 시간 의식 소멸을 의미한다. 죽음에 대한 두려움은 우리를 삶에 더 집착하게 하며, 이것은 바로 두뇌의 작용에서 오는 것이다.

시간 의식과 현재

삶은 항상 현재의 시간 속에서 존재한다. 과거와 미래는 그 자체로 존재하는 것이 아니라 현재의 시점에서만 생각할 수 있다.

지구는 낮에서 밤으로 회전한다. 개별자는 죽는다. 그러나 태양 자체는 쉬지 않고 영원한 정오를 향해 불탄다. 인생은 삶의 의지임이 명백하다. 삶의 형식은 끝이 없는 **현재**일 뿐이다.[37]

삶은 전적으로 지금, 현재이다. 현재란 끊임없이 변하며 지속적으로 흘러간다. 시간의 흐름은 마치 둥근 원처럼 끊임없이 굴러가면서 과거와 미래를 만들어내지만, 현재 그 자체로

37) A. Schopenhauer, *Die Welt als Wille und Vorstellung I*, hrsg. L. Lükehaus, Zürich, 1988, §54, p. 369.

존재한다. 시간은 '지금' 현재로서 항상 그림자처럼 나를 따라다닌다. 과거와 미래는 **'지금'이라는 순간** 속에 존재하는 것이다. 개체가 사라지는 것은 **현재, 시간 의식이 소멸하는 것이다.** 그래서 우리는 죽음 이후에는 '지금'의 내가 사라지는 것이기 때문에 내가 없음에 대한 의식조차 없을 것이다.

죽음의 승리

인간을 포함한 모든 개체는 근원적 삶 의지의 개별적 **실례나 견본**에 불과하다. 그리고 삶의 의지 그 자체는 한 개체의 죽음으로 생성과 소멸에 아무런 상처를 받지 않는다. 자연은 무수한 씨앗과 엄청난 번식 충동을 통해 종족 보존에 열성을 기울이며, 언제라도 개체를 저버릴 준비가 되어 있다. 따라서 개체는 수없이 많은 우연에 의해 파멸될 위험에 처해 있을 뿐만 아니라 종족 보존에 기여한 순간부터 죽음을 향해 간다.

인간도 마찬가지다. 인간은 태어날 때부터 죽음에 맡겨져 있다. 인간 삶은 **현재의 시간 의식**을 가지고 매 순간 죽음을 향해 쉬지 않고 달린다. 지금 새로운 숨을 쉰다는 것은 죽음을 연기하는 것이다. 삶이란 마치 방심의 순간을 숨어서 애

타게 기다리는 죽음에 지속적으로 반항하는 과정이다. 여기
와 지금, 현재 죽음의 승리를 방해하는 것이 모든 생명이다.

죽음은 결국 승리해야 한다. 왜냐하면 우리는 탄생을 통해 죽음
에 내맡겨져 있기 때문이다. 살아있는 동안 죽음은 단지 잠시 자
기 먹이와 놀이를 할 뿐이다. 죽음이 먹이를 삼켜버리기 전까
지.[38]

죽음과 잠

인간의 죽음은 **현재라는 의식**이 소멸한 잠에 비유된다. 죽
음은 하루를 고단하게 지낸 사람에게 다가오는 잠과 같다.
즉 뇌의 작용인 개인의 의식은 매일 잠에 의해 중단된다. 잠
은 마치 가끔 얼어 죽는 경우처럼 언제나 죽음으로 귀결된
다. 깊은 잠이 지속되는 동안은 죽음과 전혀 다를 바 없다.
죽음이란 영원히 깨어나지 않는 잠과 같은 것이다. 단지 인
간은 잠에서 깨어날 수 있다는 점에서 잠과 죽음이 구분될
뿐이다.

---

38) A. Schopenhauer, *Die Welt als Wille und Vorstellung I*, hrsg. L. Lükehaus, Zürich, 1988, §57, p. 406.

　이처럼 개별자로서의 인간은 태어나고 죽어가는 유한한 삶, 마치 파도의 물방울처럼 생겼다가 사라지는 미미한 현상에 불과하다. 이러한 개체는 소멸하지만, 자연은 끊임없이 삶의 의지를 드러낸다. 자연이 자신의 길을 숨기지 않듯 생성과 마찬가지로 소멸도 삶의 영원한 운동에 속한다. 결국 **인간 개별자의 죽음은 자연 전체를 위한 희생이 아니라, 자연의 직접적인 표현이다.**

　죽음은 유한한 육체를 지닌 개체의 소멸이다. 그러나 근원적 의지의 입장에서 개체의 소멸은 자연의 영원한 의지를 지속적으로 유지하기 위한 수단이다. 죽음이란 결국 의지 그 자체인 자연으로 돌아가는 것이다. 삶과 죽음은 결코 다른 것이 아니다.

2. 죽음과 생식욕

종족 보존 의지란

개별적 존재인 인간은 시간적 존재로서 유한하다. 그러나 종으로서의 인간은 자연 속에서 무한하며 영원히 지속된다. 육체를 지닌 인간 삶의 의지는 자기 보존과 종족 보존의 욕망으로 가장 강하게 나타난다. 자기 보존 욕망은 식욕을 통해서, 종족 보존 욕망은—특히 모든 동물에서 성욕을 통해 강하게 일어난다. 종족 보존 욕망은 생식을 통해 개체의 죽음에 의한 생명의 단절을 넘어서게 한다. 유기체가 생식의 전략을 통해 죽음을 극복하는 것은 거미, 말벌, 인간 등 모든 생명체에서 확인할 수 있다.

생식욕은 유기체의 삶 의지의 궁극적 목적이며 가장 강한 본능이다. 종족 보존을 통해서만 보편적 의지가 육체의 죽음을 극복할 수 있기 때문이다. 이러한 인간의 생식욕은 인간의 인식이나 반성의 통제를 완전히 벗어난다. 실제로 자식이 생존의 위협에 처해 있는 순간에는 자식을 살리기 위해 몸을 던질 수 있다.

쇼펜하우어는 종족 보존 욕망이 자기 보존 욕망보다 더 강하다고 주장한다. 인간의 성욕은 개별자의 탄생을 통해 종의 유지에 기여한다.

인간의 종족 보존의 의지는 성욕이나 혈육에 대한 열정적인 배려로 나타난다. 성욕은 다른 무엇보다도 인간의 시간적 유한성을 극복하고 새로운 개체의 생산을 통해 존재를 무한히 확장하려는 삶의 의지이다. 자기를 보존하려는 욕구도 본래는 종을 보존하려는 욕망의 단계일 뿐이다.

결국 인간은 궁극적으로 개체의 죽음 이후에도 지속되는 종의 보존을 맹목적으로 추구할 뿐이다. 자기 보존 욕구는 개별자 표상의 세계에서 일어나며, 자기의식이 사라지는 육체의 죽음으로 끝난다. 그러나 맹목적인 삶의 충동은 강력한 성욕을 발현시켜 개별자의 죽음 이후에도 새로운 개체로 지속된다. 개별자는 죽음 이후의 비존재에 대한 두려움 때문에 삶에 집착하지만, 결국 성욕은 새로운 타자의 생식을 통해 개별자의 죽음 이후에도 종의 지속을 이어지게 한다.

삶에로의 의지, 그것의 현상으로서 생성되었다가 사라지는 개별자는 삶에의 의지에 대한 하나의 실례에 지나지 않는다. …… 그래서 자연은 한 개별자의 죽음으로는 병들지 않는다. 왜냐하면

자연에서 중요한 것은 개체가 아니라 종이기 때문이다.[39]

인간의 경우 연애와 결혼을 통한 다음 세대를 위한 생식 행위는 종족 보존의 의지에 종속된 맹목적이고 강렬한 삶의 충동이다. 쇼펜하우어는 연애는 자연의 기만이며, 결혼은 소모적이라고 말한다. 사랑의 정열이란 마치 개인들에게 가치 있는 것이라고 착각하게 하는 환상에 불과하다. 결혼해서 자식을 낳게 되면, 사랑의 정열은 금방 식어버린다. 결혼은 개인의 행복에 대한 환상을 심어주지만, 결국 종족의 영속을 위한 것이다.

연애결혼이 더 불행한 이유는 자연이 생식의 목적을 달성하기 위해 온갖 행복을 약속하면서 개인을 속이기 때문이다. 실제로 종의 보존을 위한 생식에의 의지는 인간의 인식과 반성의 통제를 완전히 벗어난다.

궁극적으로 맹목적인 인간 삶에의 의지는 인간종의 지속에 있으며, 개별자는 성욕을 통해 인류의 보존에 기여한다. 즉 개별자는 새로운 생명체를 생식하고, 자기 죽음을 통해서 또 다른 생명체를 위해 공간을 제공한다. 그래서 인간의 성충동은 개별자의 사멸과 새롭게 태어나는 개별자 사이에서

---

39) A. Schopenhauer, *Die Welt als Wille und Vorstellung I*, hrsg. L. Lükehaus, Zürich, 1988, §54, p. 363.

지속되는 생존 투쟁과 고통을 인류라는 종의 본질로서 이어
가게 한다. 성 충동은 무한한 시간적 지평 위에서 세대를 이
어가게 하는 자연 의지의 표현이다. 그래서 인간종이 이어지
는 한, 자기 보존을 위한 투쟁과 고통은 삶의 본질로서 지속
될 수밖에 없다.

3. 삶의 고통과 자살

　인간은 누구나 자기 신체나 생명에 대한 고유한 권리를 갖는다. 사람들은 일반적으로 남을 해치는 살해나 사기 등의 소식을 들었을 때나 누군가 자살했다는 소식을 들었을 때 각기 다른 반응을 한다. 전자가 격렬한 분개, 최고의 분노, 처벌이나 복수를 촉구하는 반면, 후자는 슬픔이나 동정심을 자극하기도 한다. 사람들은 악의에 의한 살인이나 사기 같은 행위에 대해 도덕적으로 부정하는 감정을 갖는다. 하지만 자살의 경우, 간혹 자살한 자의 용기에 경탄하는 감정이나 어쩌면 안타까움을 표현하기도 한다.

　특히 유대교의 성직자들은 종교적 권능을 가지고 자살한 사람들의 행위를 범죄시하고 도덕적으로 낙인을 찍는다. 거기엔 자살이 구약성서의 '모든 것이 보기에 좋았더라!'라는 창조주의 말에 거역하는 행위라는 이유가 감추어져 있다. 이와 반대로 루키우스 안나이우스 세네카(Lucius Annaeus Seneca, BC 4~65) 같은 스토아학파의 고대철학자들은 수많은 영웅과 현인들의 자발적 죽음을 일종의 고귀한 영웅적 행위로 찬미하기도 하였다.

쇼펜하우어는 자살에 대해 반대한다. 그러나 그는 성직자들이 자살을 범죄로 낙인찍으려는 것과는 근본적으로 다른 이유에서 자살에 대해 반대한다. 또한 스토아학파의 철학자들처럼 자살을 영웅적 행위로 옹호하지도 않는다. 그러면 쇼펜하우어는 자살에 대해 어떠한 철학적 입장을 가졌을까?

근본적으로 자살해서 개인의 고통이 소멸해도 세계 고통의 총량에는 변함이 없다. 스스로 죽음을 택하는 개인의 의지와는 무관하게 자연의 의지는 비자발적인 새로운 생명의 탄생을 통해서 지속된다.

그래서 자살은 물론 개별적인 의지 현상의 자발적인 파괴이지만, 이는 무상하고 무의미한 것이다. 마치 무지개를 구성하는 물방울이 아무리 교체되더라도 그 자체는 여전히 남아있는 것처럼, 자연의 의지는 아무런 영향도 받지 않고 그대로 남아있기 때문이다.

삶의 고통과 죽음의 두려움

일반적으로 인간은 자신이 처한 고통스러운 삶의 상황 때문에 자살한다. 삶의 고통에 따른 공포가 죽음의 공포를 넘어서는 단계에 이르자마자, 자기 삶을 마감하고자 하는 경우가 많다. 죽음의 공포란 자기 삶이 이 세상에서 끝난다는 생각이다. 자살하고자 하는 자에게 이러한 죽음의 공포가 지니는 저항력도 만만치 않게 크다.

죽음의 공포는 마치 문을 굳게 지키고 선 문지기와 같다. 만약 삶의 종말이 순전히 고통스러운 생존이 갑자기 멈추는 것이라면, 인간은 누구나 진작 자기 삶의 마침표를 찍고 말 것이다.

하지만 인간에게 삶의 종말에 대한 공포는 매우 강하고 적극적으로 엄습해 온다. 내 삶이 끝난다는 죽음의 공포가 삶의 고통을 압도한다. 이때 바로 신체의 파멸로 인한 죽음의 두려움이 그 사람을 위협해 자살에서 물러서게 한다. 이러면 자살은 시도로 끝나버린다.

그러나 대체로 문지기와 같은 죽음의 공포와의 싸움은 자살하고자 하는 사람에게 그리 어려운 것이 아닐 것이다. 특히 말기 암 환자의 경우처럼 육체적 고통을 심하게 계속 겪고 있을 때는 온갖 다른 근심에 대해 무관심할 수밖에 없다. 이는 그가 오로지 살아있는 신체로부터 오는 고통에서 벗어나는 것에만 관심을 쏟기 때문이다. 그래서 육체적 고통이 강력하면 그 고통이 분산되어 다른 정신적 고통이나 두려움이 멈추기도 한다. 이런 경우, 사람들은 아주 쉽게 자살할 수 있다.

마찬가지로 정신적으로 매우 심한 고통을 겪을 때, 육체적 고통 따위는 무시될 수밖에 없다. 심한 정신적 고통에 시달리는 사람에게 자살에 따르는 육체적 고통이나 죽음의 공포 따위는 하찮게 느껴진다. 병적으로 심한 우울증에 사로잡혀 자살을 시도하는 사람에게는 특히 더 그렇다. 우울증에 걸린 사람이 자살을 결행할 때, 아무런 극기도 필요하지 않으며, 자살을 준비하기 위한 마음가짐도 전혀 필요 없다. 이런 사람은 곁에서 돌보는 사람이 잠시만 자리를 비워도 서둘러 삶을 끝낼 수 있다.

자살을 마치 삶이라는 악몽에서 깨어나는 순간이라고 생각해 볼 수도 있을 것이다. 답답하고 끔찍한 꿈속의 불안이 최고도일 때, 그 불안 때문에 눈을 뜨고 깨어난다. 그러면 우리를 괴롭힌 밤의 온갖 괴물은 흔적도 없이 사라져 버린다. 이처럼 우리의 인생도 마치 악몽과 같은 거라면, 삶의 불안과 고통이 최고도일 때 죽음을 통해 인생이란 악몽에서 깨어날 수 있다고도 상상해 볼 수 있을 것이다.

자살이란 실험

그러나 쇼펜하우어에 의하면, 자살은 인간이 자연에 질문해서 답변을 강요하려는 하나의 실험이자 질문이다. 그것은 죽음을 통해 인간의 생존과 인식이 어떤 변화를 겪는지 알아보려는 서툰 실험일 뿐이다. 이 실험은 죽음이 과연 나를 삶의 고통에서 해방하는지 질문하지만, 나는 죽음 이후 그 대답을 들을 수 없다. **이 실험은 대답을 들어야 할 '나의 의식' 마저 파괴해 버리기 때문이다.**

자살은 오히려 삶의 의지가 강한 사람에게 나타나는 가장 극단적인 모습이라 할 수 있다.

> 자살은 의지의 부정과는 아주 거리가 먼 강력한 삶의 긍정 현상이다. …… 자살자는 삶을 원한다. 그는 단순히 그에게 놓인 삶의 조건들에 만족하지 못하는 것이다.[40]

삶의 의지가 강한 사람일수록, 자신이 처한 삶의 조건에 만족하지 못하고 고통스러워하기 때문에 자기 신체를 파괴하고자 한다. 그래서 자살은 삶의 의지가 지닌 극단적인 모순을 드러내 줄 뿐이다. 자살은 오히려 삶의 의지를 가장 치열하게 드러냈던 인간에게서 쉽게 발견된다. 자살이란 단지 신체를 통해 표상된 개별자의 존재를 부정할 뿐, 강력한 삶

40) A. Schopenhauer, *Die Welt als Wille und Vorstellung I*, hrsg. L. Lükehaus, Zürich, 1988, §69, p. 512.

의 의지 그 자체를 부정하는 것은 아니다.

또한 자살자는 죽음 이후 고통에서 벗어난 자기 존재를 확인할 수 없음에도 불구하고 이를 확인하려고 한다. 그래서 자살은 **'어리석은 실험'**에 불과하다. 죽음 이후에 나의 존재를 확인해 줄 수 있는 그 어떤 나의 의식도 존재할 수 없기 때문이다.

자살자의 행위는 고통에 사로잡힌 육체의 필연성에 의한 행위이지, 자유 의지에 의한 행위가 아니다. 진정한 자유에 이르는 것은 고통의 원인에 대한 성찰을 통해 삶에로의 의지를 부정하는 것에 있다. 고통의 원인에 대한 성찰은 자살이 아닌 다른 방향, 즉 고행이나 금욕으로 우리를 이끌 수 있다.

삶 의지의 완전한 체념에서 오는 죽음이나 철저한 금욕에서 나온 자발적 아사(餓死)는 일반적 자살과 구분된다. 자발적 아사는 의지의 완전한 부정이다. 즉 살려는 의지가 체화된 신체의 가장 기본적인 욕구인 식욕의 충족을 거부하는 행위인 것이다.[41]

자살하는 사람은 마치 자신을 완전히 치유해 주는 고통스러운 수술을 끝까지 견뎌내지 못하고 오히려 그대로 병든 상태로 있으려고 하는 환자와 같을 뿐이다.

---

41) 쇼펜하우어는 고도의 금욕에 의해 자발적으로 굶어 죽는 실제 사건을 소개하기도 하였다.

인간의 고행은 그 자체로 의지를 부정하기 위한 가능성을 열어준다. 그러나 자살하는 사람은 삶의 의지를 꺾지 않은 채 의지의 현상인 신체를 파괴하면서 고통을 배척하는 것이다.

07

삶의 지혜란 무엇인가

삶의 지혜란 우리 삶에서 실천적으로 완전히 드러나게 하는 지혜이다. 여기서 지혜란 사물 전반에 대해 온전하고 올바르게 인식할 뿐만 아니라, 그것이 인격에 완전히 스며들어 언제, 어디서나 행위를 이끈다. 쇼펜하우어는 우리 인생을 이끄는 삶의 지혜를 자신의 아포리즘(글, 격언)에서 다루고 있다.

1. 행복과 인격

삶의 지혜와 행복

삶의 지혜란 행복하게 살아가기 위한 기술이다. 그래서 쇼펜하우어의 행복론은 삶의 지혜로서 행복한 삶을 위한 지침을 제시한다. 여기서 그의 행복론은 최고선과 같은 절대적 행복에 대한 윤리적 관점에서 완전히 탈피한다. 그 대신 일상적 인간이 각자 다른 삶의 조건에서 실제 경험할 수 있는 상대적 행복을 다룬다.

쇼펜하우어는 사실 행복은 매우 얻기 어렵지만, 그래도 우리 내부에 있음을 암시한다. 그는 우선 인간이 행복을 추구하기 위해 지니는 자산을 세 부류로 설명한다.

① 개인의 인격을 이루는 것들로 건강과 힘, 아름다움, 기질, 도덕성, 예지와 같은 것들이다.
② 개인이 지니는 재산과 소유물이다.
③ 개인의 명예, 지위, 명성으로 타인이 자신을 바라보는

견해이다.

인간 삶에서 행복을 위해 가장 중요한 것은 무엇인가?

인간은 일반적으로 자신의 마음속에 있는 감정이나 의욕, 생각 때문에 유쾌함이나 불쾌함을 느낀다. 그것은 인간이 자신의 인격 안 의식에 따라 세상을 보고 경험하며 살아가기 때문이다. 반면에 인간 외부에 존재하는 것은 쾌감, 불쾌함에 단지 간접적으로 영향을 미칠 뿐이다. 그래서 인간은 각자 자기의식 속에서 세상을 진부하고 빈약하거나 혹은 풍요롭고 재미있거나 의미심장하게 경험한다.

지금, 현재 나에게 객관적으로 드러나는 현실은 마치 운처럼 변화한다. 그러나 그 현실을 경험하는 우리 자신의 인격은 그대로이다. 나의 인격은 모든 하나의 주제를 중심으로 일련의 변주곡이 전개되는 것처럼 외부에서 그 어떤 변화가 일어나도 동일한 성격을 지닌다. 인간은 자기 인격 안의 의식에 의해 현실의 변화를 경험하는 것이다.

인격이란

개인이 지닌 인격은 개성이다. 쇼펜하우어는 인간이 누릴

수 있는 행복의 한도가 인격의 정도에 따라 미리 정해져 있
다고 말한다. 예를 들어 정신력의 한계가 협소한 인간은 자
기 행복을 위해 외부에서 부와 명성을 얻고자 아무리 노력해
도 대부분 동물적인 행복과 즐거움 그 이상을 넘지 못한다.
그래서 행복을 누릴 수 있는 능력은 주로 인격의 정신 능력
에 달려 있다고 할 수 있다.

또한 인격을 이루는 건강은 외적인 어떤 재화보다 월등히
중요하다. 가난하지만 건강한 자가 병든 부자보다 행복하다.
온전한 건강과 조화로운 신체를 이루는 인격에는 차분하고
명랑한 기질이 있다. 인격에는 분명하고 생기 있는 통찰력과
올바르게 파악할 수 있는 분별력, 그리고 온건하고 부드러운
의지, 그에 따른 양심이 있다. 이러한 인격을 이루는 것들은
절대 외부에서 오는 지위나 부로는 대신할 수 없다.

재기 있는 사람은 혼자 있을 때도 자신의 사고와 상상력으
로 스스로 즐거움을 느낀다. 그러나 둔감한 사람은 사교 모
임이나 연극, 여행이나 오락을 해도 지루해하고 그 고통을
견디지 못한다.

**그래서 인격은 인간의 행복을 위해 가장 중요한 절대적 가
치를 지닌다.** 인격은 어떠한 상황에서도 변함없는 효력을 발
휘하며, 자산이나 명예 등과 달리 운이나 상황에 종속되지
않는다. 우리는 자신의 인격을 이루는 건강과 기질, 체질 등

에 부합하는 일을 찾아 최선의 노력을 해야 한다. 자신의 개성(기질과 성격)에 적합한 일이나 생활 방식을 선택해서 산다면, 이러한 삶이 우리의 행복에 기여할 것이다.

명랑함과 건강

고상한 성격과 뛰어난 두뇌, 낙천적 기질과 명랑한 마음, 건강한 신체에 깃든 건강한 정신이 곧 인격의 가치다. 우리는 외적 자산이나 명예를 얻기보다는 자신의 인격을 수양하고 유지하도록 노력해야 한다. 무엇보다도 **명랑한 마음**은 우리를 직접적으로 행복하게 해준다. 항상 진지하게 숙고하고 중대한 일을 미리 걱정한다고 해서 우리 삶이 개선되는 것은 아니다. 지금, 현재 우리를 행복하게 해주는 것은 명랑함밖에 없다. 명랑함은 현실적으로 행복하게 사는 사람에게는 최고의 자산이다.

명랑한 마음을 지니는 데 가장 큰 도움을 주는 것은 **건강이다**. 하루에 두세 시간 실외 활동, 냉수욕, 식이요법 등은 모든 생리적 활동을 순조롭게 한다. 심장은 수축과 확장이라는 복잡한 이중 운동을 하고 폐의 호흡과 장의 연동운동, 그리고 뇌조차도 맥박과 호흡에 따라 이중 운동을 한다.

특히 하루 종일 앉아서 생활하는 사람에게는 외적인 안정과 내적인 소요 사이에서 극심한 부자유가 발생할 수밖에 없다. 모든 일에 비관적이며 최악의 경우를 생각해서 두려워하며 이에 대한 예방책을 준비하는 사람은 소화기관에 병이 자주 생기고 타고난 기질로 인해 더욱 기분이 침울해진다. 그런 기분이 심해지면 삶에 대한 염증을 느낄 수가 있다. 그래서 이들에게 건강은 명랑한 마음을 지니기 위해 무엇보다도 중요하다.

고통과 무료함

인간의 행복을 가로막는 두 가지 적은 **고통과 무료함**이다. 과거 유목 생활을 하던 낮은 문명의 단계에서 나타나는 고통은 주로 궁핍에 의한 것이다. 오늘날 문명사회에서 일반화된 여행은 무료함에서 비롯된 것이다. 고통과 무료함은 서로 적대적 관계에 있으며, 개인의 정신력이 지닌 감수성의 정도에 따라 다르게 나타난다.

감수성이 둔한 사람의 얼굴에는 내면의 공허가 새겨져 있다. 이들은 자신에 집중하지 못하고 항상 외부 세계에서 일어나는 모든 일에 정신을 빼앗긴다. 이러한 내면의 공허가 바로 무료함의 근원이다. 이 공허는 정신과 기분을 움직이려고 항상 외적인 자극을 갈망한다. 이러한 내면의 공허함은 기계적인 일로 시간을 메꾸거나 여흥과 사치, 사교와 오락에 빠질 가능성이 있다.

정신은 내면의 공허가 줄어들수록 풍요로워진다. 두뇌가 명석한 사람은 끝없이 활발하게 사고를 움직인다. 그리고 그는 자신의 내부와 외부 세계의 현상과 만나면서 새로워지는 유희와 그 힘을 항상 다르게 결합하려는 충동을 지닌다. 그래서 그는 피로한 순간을 제외하고 전혀 무료함을 느끼지 않는다. 다른 한편으로 그의 뛰어난 지력에는 예민하고 높은 감수성을 지닌 의지와 열정이 있다. 그의 섬세한 감정은 육체적, 정신적 고통을 매우 민감하게 받아들여서 어떤 장애나 사소한 방해를 참아내질 못한다.

무엇보다도 정신을 풍요롭게 하는 것은 풍부한 상상력의 활기이다. 뛰어난 정신력의 소유자는 **고독**을 택할 것이다. 왜냐하면 원래 상상력의 활기로 정신이 풍요로운 사람은 외부로부터 오는 자극이나 다른 사람을 별로 필요로 하지 않기 때문이다.

자유로운 여가

각자 얻을 수 있는 자유로운 여가는 그의 의식과 개성을 자유롭게 한다. 여가는 삶의 노력과 수고에 대한 결실이며 소득이다. 그러나 대부분의 평범한 사람은 자유로운 여가에 무료해지거나 머리가 멈춘다.[42] 그들은 일상적으로 단지 시간을 보낼 생각만 한다. **그 이유는 자신의 지성을 행위의 동기가 되는 의지의 수단으로밖에 사용하지 않기 때문이다.**

그들의 지성은 항상 의지와 함께 작용한다. 그들에게 여유가 생겨 당분간 의지가 휴식하면 동시에 지성도 활동을 멈춘다. 대부분은 이때 무료함을 느끼며, 여기서 벗어나고자 일시적으로 지성이 온갖 생각으로 의지를 자극하여 무언가를 하도록 한다. 이처럼 지성이 의지를 자극하는 것은 마치 목적을 위해 고안된 카드놀이 같은 것이다. 무언가 손에 잡히면 그것을 가지고 시간을 보내려고 한다. 사실 카드놀이의 정신은 온갖 계략과 술수를 써서 타인이 가진 것을 빼앗는 놀이의 습관을 갖게 할 수도 있다.

진정한 자유로운 여가는 모든 사람에게 자신을 생각하게 하고, 자존감을 갖게 하며, 행복하게 할 수 있다. 많은 사람은

---

42) 자유로운 여가에 미적인 인식이 발생한다. 미적 인식은 대상에 대한 직접적인 욕구나 실천적 목적으로부터 거리를 두고 상상력의 자유로운 유희에 의해 즐거움을 느끼게 한다.

자유로운 여가를 주체하지 못하고 지루해하며 자기 자신을 짐스럽게 느낀다. 그러나 우리가 행복을 얻고 누릴 수 있는 것은 언제나 온전히 자기 자신에게 맡겨져 있을 때인 것이다. 인간은 **자유로운 여가를 자기 자신 속에 향유할수록** 더 행복해진다. 자산이나 명예도 행복과 향유를 줄 수 있다. 이런 외적 원천은 불확실하고 무상하며 대부분 우연에 맡겨져 있다. 그리고 이것은 나이가 들면 점점 고갈되거나 아예 소용이 없어진다.

정신적인 향유란

탁월하고 풍부한 개성과 뛰어난 정신력을 지닌 자는 행복이라는 혜택을 가장 분명히 누릴 수 있다. 아리스토텔레스는 자신의 내부에서 발견되는 행복과 향유의 주된 원천을 다음 세 가지로 구분해서 설명한다.

① 생리적 기본 능력과 관련된 것. 먹고 마시기, 소화, 휴식, 수면 욕구 등
② 육체적 자극과 관련된 것. 산책, 달리기, 무용, 사냥, 전투 등

③ 정신적 감수성과 관련된 것. 탐구, 사유, 감상, 시작, 조각, 음악, 학습, 독서, 명상, 발명, 철학적 사고 등

이 세 가지 행복과 향유의 원천은 사람마다 각자 주어진 기질에 따라 따르게 나타난다. 그래서 각자 자기 내면에 주어진 기질이 무엇인지, 자신의 기질에 맞는 향유의 원천이 무엇인지 생각하여 선택할 때 더 큰 행복을 누릴 수 있다. 특히 우리의 정신적 감수성은 인식 작용을 본질로 삼는다. 그래서 풍부한 정신적 감수성은 정신적인 향유를 가능하게 한다. 일반적으로 평범한 사람은 정신적 향유보다는 그의 의지를 자극하는 외적인 것에 개인적 관심을 가진다.

그러나 어떠한 의지든 끊임없이 자극받으면 여유가 없어서 진정한 향유를 누릴 수 없다. 반면 정신력이 강한 사람은 전혀 의지가 개입하지 않은 **단순히 인식만으로도** 매우 강렬한 관심을 가지고 향유할 수 있다. 예를 들어 독서나 어떤 일이나 주제에 대해 탐구할 때 등이다.

지적이며 정신적인 생활은 마치 예술품을 창작할 때처럼 삶에 대한 인식을 넓혀나가게 한다. 일반적으로 현실 생활에 대한 열정이 없으면 지루하고 무미건조해지지만, 열정이 너무 강하면 곧장 고통스러워진다. 그래서 행복한 자는 의지에 얽매이지 않고 **지적인 생활을 위해 여가의 자유를 즐길 수**

있는 이성과 지성을 부여받는 자이다.

정신적으로 탁월한 사람만이 사물의 존재와 본질을 자신의 주제로 삼고, 개인적 성향에 따라 예술, 문학, 철학을 통해 사고의 폭을 넓혀나간다. 이러한 사람들은 외부로부터 방해도 받지 않고, 자기 생각이나 작업에 몰두하기를 원하며, 고독을 환영한다.

고독과 자유로운 여가를 즐길 줄 아는 사람들은 **삶의 무게 중심을 자신의 내부에 둔다.** 그들은 자연의 은총을 매우 풍부하게 받은 자이다. 그래서 그들이 가장 행복하다고 말할 수 있다. 그들은 외부로부터 자유로운 여가만을 필요로 한다. 그리고 평생 항상 자기 자신일 수만 있다면 더 이상 아무 것도 필요할 게 없다. 그래서 행복한 삶이란 아무런 방해 없이 자기가 타고난 기질에 따른 재능을 자유롭게 펼칠 수 있는 삶일 것이다.

우리는 보통 평범하지만, 정신적 욕구가 없는 인간을 소위 속물이라고 부른다. 그는 인식과 통찰을 위한 충동이나 이와 유사한 미적 향유에 대한 충동이 없다. 그가 현실적으로 향유하는 것은 감각적 욕구의 충족이며, 삶에 활력이 없다. 그래서 속물들은 정신적 욕구가 아닌 신체적 욕구를 충족시켜 줄 사람을 찾거나, 정신적인 즐거움을 얻지 못하고 무료함에서 벗어나기 위해 항상 현실적인 자극을 필요로 한다.

2. 돈과 명예와 명성

인간의 욕구와 돈

인간은 삶에 필요한 욕구가 충족되어야 행복해질 수 있다고 믿는다. 행복론의 위대한 교사 에피쿠로스(Epicurus, BC 341~271)는 인간의 기본적 욕구를 3가지 항목으로 구분한다.

① 생리적 욕구는 삶에 필요한 본성적인 것이며, 충족되지 않으면 고통을 일으킨다. 예를 들어 먹는 것, 입는 것, 거주하는 것 등이다.
② 성적 욕구는 본성적인 것이지만, 삶에 필요하지 않고 충족시키기도 어렵다.
③ 사치나 호사, 부귀영화는 삶에 본성적이지 않으며, 필요한 욕구도 아니다.

인간은 이러한 욕구 충족을 위해 외적 자산으로서 소유물을 지닌다. 소유물로서 재산이나 돈에 대한 각자의 욕구와 만족은 항상 상대적이다. 어떤 사람은 재산이 없어도 곤란해하지 않고 만족해하지만, 어떤 사람은 그보다 많은 재산이 있음에도 자신이 원하는 것이 없다고 불행해한다. 인간은 각자 도달할 수 있는 지평선을 지닌다. 그 지평선의 범위 내에서 어떤 대상을 획득할 수 있다고 여기면 행복해한다. 그러나 어려움이 발생해 그럴 가능성이 사라지면 불행하다고 느낀다. 부는 마치 바닷물과 같아서 마시면 마실수록 목이 마른 것이다.

오늘날, 사람들은 필요한 욕구 충족을 위해 가장 중요한 것이 돈이라고 여긴다. 돈은 다양한 인간의 욕구를 충족시킬 수 있는 존경과 숭배의 대상이 되어가고, 심지어 권력을 얻는 수단으로 여겨지기도 한다. 더군다나 많은 경우 자신의 인격적 가치가 돈을 벌려는 목적 때문에 무시되고 망가지는 것을 목격한다.

인간은 돈을 소망할 뿐만 아니라 종종 사랑하기까지 하는 것이다. 사람들은 바로 돈이 이러한 인간의 지칠 줄 모르는 소망과 다양한 욕구의 대상을 충족시켜 줄 것이라고 여긴다. 인간이 돈을 사랑하는 이유는 돈이 한 가지 욕구가 아니라 욕구 전반에 소용되기 때문이다.

그러나 우리는 현재 지닌 돈이나 재산을 앞으로 발생할 수 있는 많은 재난이나 사고에 대한 방호벽으로 여겨야 한다.

절대 돈을 마치 세상 즐거움을 얻게 해 주는 '허가증' 같은 것으로 여겨서는 안 된다.

부유한 집안에서 태어난 사람은 부가 마치 공기와 같아 자신의 생명처럼 지키며, 대체로 신중하게 여기며 산다. 반면 가난한 집에서 태어난 사람에게 빈곤은 자연스러운 것이어서, 들어온 부를 마치 여분으로 여겨 부가 사라져도 예전처럼 잘 살아갈 수 있다. 또한 돈을 벌지 않고 상속받은 재산만으로 살아가는 사람이 최고의 가치를 발휘하는 경우도 있다. 그런 경우는 자기 정신력을 사용할 수 있는 자유로운 여가를 이용하여 창조적 재능을 최대한 발휘하는 사람이다. 그는 자신의 재능을 사용하여 다른 사람이 할 수 없는, 전 인류에게 도움이 되는 명예로운 일을 성취한다. 이렇듯 그는 자신이 받은 경제적 혜택 덕분에 박애적인 노력을 하여 전 인류에게 공헌할 수 있는 것이다.

명예심, 자긍심, 허영심

인간은 본성적으로 타인의 눈에 비친 자신의 존재를 지나치게 의식하는 경향이 있다. 그리고 실제로 불행하거나 혹은 돈이 없어도 타인이 칭찬하면 위안을 얻는다. 또한 어떤 상황에서든 자신의 공명심이 상처받거나 무시당하면 어김없이 모욕감을 느끼고 매우 고통스러워한다. 이것은 행복을 자신의 실제 모습이 아니라 타인의 눈에 비친 자기 모습에서 찾는 허약한 본성 때문이다. 인간에겐 명예심, 자긍심, 허영심이 있으며, 이에 따라 명예나 지위, 명성을 얻을 수 있다.

명예심은 타인이 자신에 대해 생각하는 견해나 평판을 최고로 중요하게 여기는 사람에게 있다. 또한 자긍심은 어떤 면에서 다른 사람보다 자신이 압도적 가치를 지녔다는 것에 관한 확고한 확신이다. 허영심은 자신이 가치를 지녔다는 확신을 타인의 마음속에서 일으키려는 소망이다.

자긍심이 자기 내부에서 발생하는 반면, 허영심은 자신의 평가를 간접적으로 외부에서 얻으려는 노력에서 생긴다. 그래서 자긍심을 지닌 사람은 과묵하지만, 허영심을 지닌 사람은 말이 많다. 자신이 압도적인 장점과 특별한 가치를 지녔다는 확고한 내적 확신을 지닌 사람만이 자긍심을 지닐 수 있다. 이러한 확신이 실제로 자기 안에 진심으로 존재한다면, 자긍심이 손상되지 않는다. 자긍심은 내적인 자기 확신에 뿌리를 두고 다른 사람들에 의해 쉽게 흔들리지 않는다.

자긍심의 최대 적은 다른 사람의 갈채를 받으려고 애쓰는 허영심이다. 허영심이 있는 사람은 남의 갈채를 토대로 자기 자신을 높이 평가하고자 한다. 하지만 자긍심을 지닌 사람은 다른 사람들의 몰염치와 뻔뻔함에 맞서기 위해 자신의 최고 장점을 잊지 않고 내면을 확고히 한다. 그런데 자긍심이 외적인 것을 향해 있거나 인습적인 경우는 오히려 인격을 지니지 못한 사람이다.

쇼펜하우어에 의하면 이 세상에서 가장 값싼 종류의 자긍심은 민족적 자긍심이다. 특히 이런 민족적 자긍심에 사로잡힌 사람은 스스로 확신할 만한 개인적 특성이 부족함을 드러낼 뿐이다.

명예란

우리가 세상에 드러내 보이는 것, 타인의 눈에 비친 우리의 모습은 명예, 지위, 명성으로 나눌 수 있다. 명예는 객관적으로 개인의 가치에 대한 타인의 견해에서 비롯된다. 인간은 타인과 다양한 관계를 맺으며, 타인의 신뢰와 평가에 따라 몇 가지 종류의 명예가 생겨난다. 여기엔 시민적 명예, 직무상의 명예, 성적인 관계에서의 명예가 있다.

시민적 명예란 시민으로서 권리를 절대적으로 존중하고, 서로에게 공정하고 합법적인 수단을 사용함을 전제한다. 이것은 모든 평화로운 교제에 참여하기 위한 조건이다. 이 조건을 명백하게 위반하는 행위를 하여 법이 규정한 공정한 형벌을 받으면 시민적 명예는 실추된다. 명예에는 언제나 그 사람의 변하지 않는 도덕적 성격에 대한 확신이 있다. 그래서 한 번 실추된 명예는 회복할 길이 없어서 명예를 훼손하는 중상, 비방, 모략 등과 같은 악의를 단속하는 법이 있는 것이다. 시민적 명예는 시민사회를 살아가는 누구에게나 적용된다.

직무상 명예는 직무를 맡은 사람이 이에 필요한 모든 자질을 실제로 갖추며, 직무상의 책임을 지는 것이다. 국가적인 직무의 권한이 중요하고 클수록 그 사람의 지위가 높고, 영향력이 클수록 그의 지적 능력과 도덕적 자질에 대한 세상 사람들의 관심은 커질 수밖에 없다. 그런 사람의 명예를 나타내주는 것은 그에 대한 타인의 복종적 태도, 칭호, 훈장 등이 있다. 나아가 명예로운 직무를 수행하는 사람은 자기의 동료나 후임자를 위해 직무 자체에 경의를 표해야 한다. 직무상 명예를 지닌 공무원, 의사나 변호사 등은 공적인 선언에 의한 자격을 갖추고, 직무를 책임 있게 자율적으로 수행해야 한다. 참된 군인의 명예도 여기에 속한다.

성적 관계에서 여성과 남성의 명예는 구분되지만, 관습적으로는 여성의 명예를 훨씬 더 중요하게 여겨왔다. 여성의 성적 명예는 관습적으로, 미혼 여성의 경우 아무에게도 몸을 허락하지 않는 것, 기혼 여성의 경우 자신과 혼약한 남자에게만 몸을 허락할 것이라는 일반적 견해를 의미한다. 여성은 자신이 원하고 필요로 하는 것, 예를 들어 결혼 관계에서 생기는 자녀들의 양육에 대한 책임을, 제도를 통해 요구할 수 있다. 여성의 복리는 바로 이 제도에 기인하다. 그러나 여성의 성적 명예가 개인의 생명과 인생에서 절대적 가치를 지닐 수 없으며, 생명 자체까지 희생하고 지켜야 할 가치는 아니다. 성적 명예는 단순히 상대적 가치를 지닐 뿐이며, 인습적 가치에 불과할 수도 있다.

명성이란

세상 사람들의 눈에 비친 모습의 마지막 자리에는 명성이 있다. 명예는 누구나 요구할 권리가 있지만, 명성은 예외적인 인물만 요구할 권리가 있다. 명성은 본래 어떤 사람을 다른 모든 사람과 비교할 때 생긴다. 그래서 매우 뛰어난 업적이 있어야 명성을 얻을 수 있다. 이 업적은 행위이거나 작품이다. 명성을 얻기 위한 방식에는 두 가지 길이 있는데, 위대한 가슴, 즉 열정을 지닌 자가 가는 행위의 길과 위대한 두뇌를 지닌 자가 가는 작품의 길이다.

여기에는 각각 고유의 장단점이 있다. 위대한 열정으로 한 행위는 일시적이지만, 위대한 두뇌에서 나온 작품은 지속적이다. 아무리 고귀한 행위라도 그 시대에 영향을 미칠 뿐이지만, 천재적인 작품은 오래, 지속적으로 살아남아 세상에 정신을 고양하며 온 시대에 두루 영향을 끼친다.

행위는 사람들의 기억에 의해 전달되지만, 그것도 시간이 지나면서 점점 약해지고 왜곡되며 중요하지 않게 될 수 있다. 그래서 위대한 행위일지라도 역사에 기록해 두지 않아 후세에 전달되지 않으면 사람들의 기억은 점차 소멸해 버리고 말 것이다.

반면, 작품은 불멸의 존재로, 특히 글로 된 것은 모든 시대에 걸쳐 살아남을 수 있다. 예를 들어 알렉산더 대왕이나 칭기즈칸은 사람들의 기억에 의한 기록으로 위대한 업적을 남긴다. 그러나 플라톤, 아리스토텔레스, 호메로스, 괴테의 작품들은 아직도 살아 움직이며 직접적으로 사람들에게 영향을 미치고 있다. 인도의 베다 경전은 우파니샤드와 함께 지금까지 현존하지만, 그 시대에 일어난 온갖 행위에 대해서는 전해진 것이 거의 없다.

한 사람의 행위 명성은 그 시대의 어떤 상황과 기회에 종속되어 있다. 그 이유는 행위의 내적 가치와 그 중요성은 그 시대의 여러 상황에 따른 인물의 기회에 의존하기 때문이다. 예를 들어 이순신 장군의 행위 명성은 임진왜란이라는 시대적 상황과 기회에 의존하는 것이다.

그러나 작품은 어떤 기회에 의해 생겨나지 않으며 오로지 창작자의 능력에 달려 있다. 작품은 그 자체의 모습으로 이 세상에 남아 후대에 전해지고 해석된다. 작품의 수준이 높을수록 그 시대에 판단이 어려워지게 된다. 이런 경우 작품을 판단할 수 있는 심판자가 많지 않거나 때로는 공정하고 솔직한 심판자가 부족할 수도 있지만, 후대에는 인정받을 수 있다. 행위는 기록해 놓지 않으면 일시적이지만, 작품은 지속적이다. 괴테와 같은 천재의 작품은 오래 살아남아 사람들의 정신을 고양하며 온 시대에 두루 영향을 미친다.

모든 훌륭한 것들이 서서히 숙성해가듯 대체로 뒤늦게 나타나는 명성이 오래 지속된다. 사후에 얻은 명성은 씨앗 단계에서 매우 천천히 자라나는 참나무와 같다. 일시적인 가벼운 명성은 빨리 자라는 일년생 식물과 같다. 그릇된 명성은 일순간에 자랐다가 금방 베어지고 마는 잡초와 같은 것이다.

명예는 공정한 판단을 거친 시민적 명예나 직위가 모든 사람과 공유될 수 있지만, 명성은 이를 얻는 사람이 생겨날수록 그 입지가 좁아져 유지하기 어려워진다. 명성을 얻게 해주는 곳은 마치 대단히 비호의적인 심판관으로 구성된 법정 같다. 특히 작품으로 명성을 얻기는 어렵다. 명성을 얻기 어려운 저작은 철학책이다. 철학책이 약속하는 교훈은 불확실하고, 물질적 이득을 주지 않는다. 명성은 본질적으로 상대적 가치만을 지닌다. 그래서 명성을 얻은 사람의 업적을 다른 사람의 업적과 비교할 수 없다면, 명성은 완전히 없어지고 말 것이다.

명성과 인격

어떤 상황에서도 절대적 가치를 잃지 않는 것은 그 자체로서의 **인격적 가치**이다. 위대한 가슴과 두뇌를 지닌 인격은 분명히 명성을 얻는 데 유리하다. 그러나 진정으로 가치 있는 것은 그 사람의 인격이며, 명성은 단지 그 사람에게 우연히 얻은 외적 징후로 작용한다. 인격을 지닌 자는 명성을 통해 자신이 높이 평가받는 것을 외적으로 확인할 뿐이다.

그래서 인간을 진정으로 행복하게 하는 것은 명성이 아니라 명성을 얻게 해 주는 공적과 그 공적을 만든 자신에 대한 믿음과 능력, 즉 **인격**에 있다. 명성이란 공적의 단순한 메아리, 모상, 그림자, 징후에 불과하다. 도덕적 혹은 지적인 능력을 발휘하는 사람은 누구나 자기 자신에게 최선을 다하기 때문이다. 자기 자신에 대한 최선의 모습이 타인에게 어떻게 비칠지, 타인이 자신을 어떻게 평가할지는 부수적인 것이며,

크게 중요하지 않다.

행복의 본질은 명성을 얻게 해 준 위대한 **인격 내의 자질** 그 자체에 있다. 인간은 자질을 개발할 기회를 얻어서 자신에게 적합한 방식으로 행동하거나 최선을 다해서 하고 싶은 일을 실현할 수 있을 때 행복하다. 행복은 이러한 위대한 가슴이나 정신의 풍부함에서 나온다. 이러한 방식으로 정신의 풍부함이 각인된 작품은 사후에도 세대에 걸쳐 경탄을 받을 수 있고 동시에 명성도 얻을 수 있다.

명성과 젊음을 한꺼번에 갖는 것은 죽을 운명인 인간에게 과분한 것이다. 우리의 삶은 너무 빈곤해서, 젊음만으로 만족할 수 있을 것이다. 하지만 노년에는 겨울나무처럼 기쁨과 향락이 소멸해 버리지만, 명성의 나무가 상록수처럼 잎사귀를 틔울 기회가 있다. 명성은 여름에 자라서 겨울에 먹을 수 있는 늦배와 같다. 청춘에 온 힘을 다해 쏟은 작품은 노년이 되어도 함께 늙어가지 않는다.

3. 자신에 대한 태도

덜 불행하게 사는 법

우리는 행복해지기 위해 '나' 자신에 대해 어떠한 태도를 가지고 이 세상을 살아가야 할까? 쇼펜하우어는 아리스토텔레스가 말한 "분별 있는 자는 **쾌락이 아닌 고통 없는 상태를 추구한다.**"를 모든 **삶의 지혜의 최고 원칙**으로 삼는다. 건강한 사람에게는 작은 상처만 나도 상처 부위의 통증에만 계속 신경 쓰게 되고, 건강함에서 오는 유쾌한 기분이 사라진다.

마찬가지로 모든 일이 뜻대로 되더라도, 한 가지 일이 잘 안 풀리면 그것이 계속 괴롭혀 다른 중요한 일은 거의 생각나지 않는다. 그러나 우리에게 의지가 충족되는 만족감은 언제나 소극적이어서 직접 경험되기보다는 성찰 과정을 통해 의식된다. 반면, 의지의 억제인 고통은 적극적이며, 현실적으로 직접 경험된다.

'행복하게 산다'라는 것은 '덜 불행하게 산다'라는 의미로 이해하는 것이 좋다. 그래서 가장 행복한 사람은 정신적, 육체적으로 큰 고통을 겪지 않고 살아온 사람일 뿐이지 대단히 큰 기쁨을 누린 사람이 아닐 것이다.

우리는 행복에 대한 욕구와 이를 충족시키려는 희망을 품는다. 그러나 시간이 흐르면서 결국 행복과 향락이란 멀리서 보이다가 가까이 다가가면 사라지는 신기루에 불과하다. 하지만 고뇌와 고통은 착각할 필요도 없이 현실적으로 직접 자신을 적극적으로 드러낸다. 향락의 소극성과 고통의 적극성을 깊이 인식하고 오히려 행복에 대한 욕구가 우리를 고통에 빠뜨리는 덫에 불과하다고 생각해야 한다. **불행한 삶을 살지 않으려면, 행복에 대해 요구하지 않는 것이 가장 확실한 방법일 것이다.**

어떤 사람이 얼마나 행복한지 알고 싶다면, 그가 어떤 일에 즐거워하는지가 아니라 어떤 일에 슬퍼하는지 물어보는 것이 좋다. 사소한 일에 슬퍼할수록 더욱 행복하다고 할 수 있다. 스스로 많은 요구를 하다 보면 자기가 세운 행복의 토대는 쉽게 무너진다. 이것이 자신에게 취해야 할 태도다.

현재와 미래 그리고 상상력

대부분의 사람은 자신의 인생행로 전반에 대해 알지 못한

채 하루하루 시간을 보낸다. 그러나 개인적인 인생행로의 축소판인 평면 설계도를 가끔 눈앞에 그려보는 것은 삶의 의미를 숙고하는 데 필요하다. 그래서 자기가 원하는 것, 행복을 위해 가장 중요한 가치나 직업과 역할, 그리고 세상과의 관계 등을 생각하는 게 중요하다.

살아가면서 현재와 미래에 주의를 기울이는 비율을 바르게 조정하는 것은 삶의 지혜에 속한다. 경솔한 사람은 너무 지나치게 현재 속에 살고 있고, 불안과 걱정이 많은 사람들은 너무 미래 속에 살고 있다. 아마도 그 비율을 정확히 조절하는 사람은 드물 것이다. 예를 들어 멀리 있는 대상은 육안으로는 축소되어 보이지만, 마음의 눈으로 보면 확대되어 나타난다.

현재만이 진실하고 현실적으로 충만한 시간이다. 우리의 삶은 오로지 현실 속에서만 존재하기 때문에 현재를 항상 명랑한 기분으로 받아들여야 한다. 그러나 사람들은 미래의 불확실한 재앙에 대해 불안해한다. 그래서 **견딜 만한 현재**를 존중하는 것이 중요하다. 지금, 현재가 바로 과거 속으로 흘러 들어가 불멸의 빛에 에워싸인 채 기억으로 간직된다. 그러다 언젠가 이 기억은 베일을 걷어내며 우리의 진실한 그리움의 대상으로 그 모습을 드러내기도 한다.

어떤 일을 충분히 검토하고 확신한 후 실천에 옮겨도 뜻대로 되지 않을 때가 있다. 이때 이미 실행한 일의 결과를 끊임없이 곱씹거나, 앞으로 일어날지 모를 위험을 자꾸 우려하며 불안해하지 말아야 한다. 오히려 모든 것을 적시에 충분히 검토했다는 확신을 갖고 편안한 마음으로 그 불안한 생각을 접어야 한다. 인간의 분별력은 행위의 우연과 오류를 미연에 방지하기에는 항상 불충분하기 때문이다.

이미 어떤 불행한 사건이 일어났을 때, 미연에 방지할 수 있었을 텐데, 같은 후회를 하지 않는 것이 좋다. 그런 생각에 시달리게 되면, 참을 수 없을 만큼 고통이 커져서 '자학하는 자'가 되고 만다. 물론 명백히 저지른 실수에 대해 자신을 변명하고 미화하거나 축소하려고 해서는 안 된다. 차라리 자기 잘못을 인정하고 분명히 분석하여 앞으로 그런 실수를 하지 않겠다고 결심하는 것이 좋다.

또한 현재 **자기에게 없는 것을 아쉬워하기보다는** 자신이 **지닌 것을 잃게 된다면 어떻게 될까, 하는 관점에서 생각하도록 노력해야 한다.** 이것은 재산, 건강, 친구, 애인, 아내, 아이, 반려견 등 무엇이든 상관없다. 우리는 대체로 가지고 있던 것을 잃고 나서야 그것의 가치를 알게 된다. 이러한 방식으로 생각한다면, 예전보다 더 행복해질 것이고, 자기 것을 잃지 않기 위해 더 노력하게 될 것이다.

무엇보다도 **행복과 불행에 대한 상상력을 억제해야 한다.**

상상해서 쌓아 올린 공중누각은 금방 허물어지며 그 대가가 너무 크다. 우리가 상상해 보는 음울한 꿈같은 생각은 현실을 위협할 수 있는 재난이다. 우리의 상상력은 이러한 재난의 가능성을 실제 이상으로 확대해서 매우 끔찍한 모습으로 선명히 그려내기 때문이다. 그래서 어떤 일을 생각할 때, 상상력에 의해 떠올리는 그림이 아니라 명료한 사유를 거친 개념을 얻기 위해 노력해야 한다.

또한 삶의 활동이나 인간관계의 접촉 범위가 좁을수록 행복해지고, 그것이 넓어질수록 걱정이나 소망, 두려움, 불안의 고통도 커진다. 그래서 신체적, 정신적 모든 활동의 범위를 제한하는 것이 행복에 도움이 된다고 할 수 있다. 그 이유는 삶의 시야가 좁을수록 **의지의 자극이 적어서 고뇌도 적어지기 때문이다.** 활동 범위를 제한할수록 의지를 자극하는 외적인 동기도 줄어든다.

정신 활동을 한정하면 그런 의지에 자극을 주는 내적인 동기도 줄어든다. 물론 정신 활동을 제한함으로써 무료함이 초래될 수도 있다. 그렇다고 그 무료함을 달래기 위해 오락이나 사교, 사치, 도박, 음주 등을 시도하는 것은 개인의 파멸과 불행을 자초한다. 그래서 정신적으로 한가하게 쉬는 것은 위험하다. 이에 반해 외적인 활동 범위의 제한은 인간의 행복에 도움이 되기 때문에 필요하다. 무료함이 발생하지 않는 범위 내에서 삶의 활동이나 인간관계를 단순화하고, 심지어 생활 방식을 극히 단조롭게 해야 행복해진다.

자신에 대한 만족과 고독

행복이란 자기 자신에게 만족하는 사람의 것이다. 즉 우리의 행복과 불행은 결국 우리 자신에 대한 의식에 달려 있다. 지금까지 자신이 체험하고 행동하면서 느낀 것을 다시 한번 사려 깊게 정리해 볼 필요가 있다. 그리고 당시의 판단을 현재의 판단과 비교하고, 자신의 계획과 노력을 성과와 그 성과로 인한 만족과 비교해 보는 게 좋다. 특히 일기는 기억하고 싶은 기분이나 느낌을 기록하는 데 매우 유익하다. 행복한 사람은 자신에게 만족하고 자신이 전부일 수 있는 사람이다.

사회생활은 필연적으로 서로 간의 순응과 타협을 요구한다. 그 때문에 사회생활의 범위가 넓을수록 삶은 무미건조해진다. 인간은 혼자 있을 때만 온전히 그 자신일 수 있다. 그러므로 고독을 사랑하지 않는 자는 자유도 사랑하지 않는 자이다. 인간은 혼자 있을 때 자신에게만 의지하며, 자유롭다.

사회적 관계에서 발생하는 질투는 인간의 자연스러운 감정이지만, 행복의 적이며 우리를 불행하게 한다. 그래서 질투심 때문에 불행해지지 않기 위해서는 자신의 것을 타인의 것과 비교하지 말아야 한다. 차라리 많은 사람이 나보다 앞서 있는 것이 아니라, 오히려 나보다 뒤처져 있다고 생각하는 것이 낫다. 작은 물체라도 눈 가까이 대면 시야를 가려서 세상을 덮어 버리고 만다. 이처럼 주변에 있는 사람과 사물이 자신의 주의와 사고를 자극해 중요한 사고나 문제를 밀쳐 버리지 않도록 주의해야 한다.

대부분 인간이 사교적으로 되는 것은 고독한 상태의 자신을 견딜 능력이 없기 때문이다. 다른 사람들과 어울리는 것뿐만 아니라 낯선 곳으로 여행을 떠나는 것도 내면의 공허와 권태 때문인 경우가 많다. 극심한 추위가 닥치면 사람들이 서로 모여드는 것처럼, 사교성은 서로의 정신을 따뜻하게 할 수 있다. 그러나 스스로 정신적 온기를 충분히 지닌 사람은 굳이 무리를 지어 모일 필요가 없다. 지적으로 뛰어난 사람은 고독으로 이중의 이점을 얻는다.

첫째, 자기 자신과 함께할 수 있다. 둘째, 타인과의 사교적 관계에서 오는 강제와 고충, 위험에서 벗어날 수 있다. 고독은 뛰어난 정신을 지닌 사람들의 어찌할 수 없는 숙명과 같은 것이다.

쇼펜하우어는 인간관계의 상황을 마치 어느 추운 겨울날 고슴도치가 처해 있는 상황에 비유한다. 고슴도치는 추위를 견딜 수 없어 서로 바싹 달라붙어 한 덩어리가 되어 있다가 서로의 가시에 찔리게 되어 다시 떨어지게 된다. 이들은 이렇다 붙었다가 떨어지기를 반복하다 마침내 서로의 가시에 찔리지 않고 견딜 수 있는 적당한 거리를 발견했다는 것이다.

이렇듯 공허함과 단조로움에서 비롯되는 사교에 대한 욕구는 인간들을 한 덩어리가 되게 하지만, 불쾌감과 반발심으로 인해 서로 떨어진다. 그래서 인간은 서로를 견딜 수 있는 적당한 거리를 발견했다. 그것은 바로 정중함과 예의이다. 그들이 서로 거리를 유지하면, 따뜻해지려는 서로의 욕망은 충족되지 않지만, 가시에 찔리는 상황은 피할 수 있다. 내적으로 따뜻한 사람은 자기와 다른 사람에게 고통과 괴로움을 주지 않으려고 사회에서 멀리 떨어져 있는 것을 선호한다.

인간의 행복과 건강

신체는 오직 끊임없는 운동을 본질로 하여 생명력을 지닌다. 마찬가지로 내적인 정신력도 지속적으로 사유와 행위를 통해 무언가에 종사하기를 요구한다. 아무런 활동도 하지 않으면 끔찍한 무료함에 시달려 견딜 수 없는 상황에 빠질 수 있다. 그러므로 무언가를 행하고, 만들고, 배우는 것이 인간의 행복에 필수적이다.

이러한 인간 행복에 필수적인 건강한 활동을 위해서는 아침 시간을 잘 활용해야 한다. 아침은 하루 중의 청춘이며, 모든 것이 명랑하고 싱싱하며 경쾌하다. 반면, 밤은 하루 중의 노년이며 힘이 빠지고 생기가 없어진다. 하루하루가 작은 일생이다. 결국 잠드는 것은 매일의 죽음이고, 매일 깨어나는 것은 새로운 탄생이다. 그래서 일어날 때 힘든 것을 탄생의 고통으로 여기며 일과를 시작하는 것은 당연하다.

특히 건강할 때 온몸의 각 부위에 긴장과 고통을 주어 온갖 좋지 않은 영향에도 저항할 수 있는 습관을 갖기 위해 몸을 단련해야 한다. 그러나 몸 전체나 일부에 병적 상태가 나타나면 빠르게 적합한 방식으로 보살펴야 한다. 우리 몸의 근육은 많이 쓸수록 강해지지만, 신경은 많이 쓸수록 약해진다. 눈은 밝은 빛 특히 반사된 빛에 노출되거나 어두운 곳에서 혹사당하거나 작은 물체를 장시간 봐도 안 된다. 그리고 귀는 너무 강한 소음을 피해야 한다.

우리는 뇌의 생명 기능에 의해 사유한다. 뇌를 억지로 오랫동안 쓰거나 너무 혹사해서는 안 된다. 뇌는 다른 모든 신체의 유기적 활동처럼 긴장과 휴식을 필요로 한다. 특히 음식을 소화하는 동안은 뇌를 쉬게 하는 것이 좋다. 이때 뇌에서 사유하는 생명력이 위와 장에서 열심히 활동하기 때문이다. 근육을 활발하게 사용하는 동안이나 그 이후에도 뇌를 쉬게 하는 것이 좋다.

운동신경은 감각신경과 서로 연결되어 있어서 사지를 다쳤을 때 우리의 뇌가 진짜 통증을 느끼는 것이다. 우리가 걷거나 활동하는 것도 뇌로부터 연수와 척수를 거쳐 팔과 다리의 신경을 자극하기 때문이다. 팔과 다리의 피로도 결국 뇌에서 느끼는 것이다. 그래서 무의식적으로 근육을 많이 쓰면서 정신적으로 긴장하거나 무리한 행동만 해도 뇌는 손상을 입는다. 우리의 정신 활동을 건강하게 유지하려면 신체 활동과의 조화를 이루며, 뇌의 생명력을 보충해 줄 수 있는 휴식이 필요하다.

특히 뇌는 정신적 활동에 필요한 만큼의 충분한 수면을 필요로 한다. 인간에게 수면이란 시계의 태엽을 감아주는 작용이다. 뇌가 발달해 있고, 활동적일수록 잠을 많이 자야 한다. 수면은 죽음의 일부를 미리 빌린 것과 같다. 우리는 수면을 통해 하루 동안 소진한 생명력을 새롭게 얻는다. 그래서 수면으로 생명력을 얻어 죽음의 시기를 늦추게 된다.

죽음 자체가 원금을 청산하는 것이라면 수면은 죽음에 치르는 일시적 이자이다. 이자를 꼬박꼬박 많이 치를수록 그만큼 원금을 늦게 갚아도 되는 것이다. 즉 수면을 통해 생명이 연장되는 것이다.

4. 타인에 대한 태도

타인의 개성에 대한 인정

인간이 행복하기 위해서는 타인에 대해 어떠한 태도를 지녀야 하는가? 우선 다른 사람들과 함께 살기 위해 행동에 조심하고 아량을 베푸는 것이 필요하다. 내가 조심하면 손해와 손실을 막을 수 있고, 내가 아량을 베풀면 다른 사람과의 다툼을 피할 수 있다. 사람들과 관계하면서 그 누구의 개성도 절대로 배격해서는 안 된다. 오히려 그 개성을 현재의 모습 그대로 인정하고 인내해야 한다. 자신이 타고난 개성의 유형과 특성에 따라 처신하는 것처럼, 타인의 개성이 변하길 바라지도 말고, 그 개성을 무조건 부정해서도 안 된다.

사람들에 대한 인내심을 배우려면 마치 무생물을 대할 때처럼 자신을 인내하는 것이 좋다. 무생물은 역학적, 물리적 필연성에 의해 우리의 행위에 완강히 저항한다. 타인이 나에게 저항하는 기회는 날마다 있을 수 있다. 그때 나를 방해하는 사람들의 행위가 필연적인 천성 때문이라고 생각하는 것이 좋다. 그래서 그들의 행위에 화를 내는 것은 마치 내 앞으로 굴러온 돌멩이를 보고 화를 내는 것과 같다고 생각할 필요가 있다.

우리는 서로 대화를 나눌 때 마음의 동질성이나 이질성을 너무 쉽게 경험한다. 거기서 자신과의 동질적인 요소를 찾아낼 때 기쁨을 얻을 수 있다. 실제로 이질감은 자신에 비추어 상대방을 생각하기 때문에 생긴다. 그래서 우리는 이질감을 느낄 때 타인을 파악하고 이해할 수 있는 자신의 지성 한계가 있음을 인정해야 한다.

대부분은 대화할 때도 자기 자신에만 관심을 기울이기 때문에 다른 사람들의 이야기를 자기 위주로 생각한다. 그래서 다른 사람들이 간혹 자기와 관련된 주제에 대해 말하면, 거기에 완전히 주의를 빼앗겨 이야기의 주제를 객관적으로 파악하지 못한다.

상대가 어떤 논거를 제시해도 주관적인 관심이나 허영심 때문에 그 논거를 인정하지 않는 경우도 있다. 그때 다른 사람들은 너무 쉽게 정신이 멍해지거나, 마음의 상처를 받아 모욕감을 느껴 감정이 상할 수 있다. 그래서 어떤 주제에 관해 대화를 나눌 때는 상대방의 개성을 소중히 여기고 상처를 주지 않도록 섬세한 주의를 기울여야 한다.

타인이라는 거울

인간은 타인의 몸을 움직일 때는 그가 지탱하는 몸의 무게를 느끼지만, 자기 몸의 무게는 느끼지 못한다. 이와 마찬가지로 타인의 결점이나 악덕은 쉽게 알아채지만, 자신의 결점이나 악덕은 깨닫지 못한다. 여기에 바로 누구나 지닌 자기 결점들을 분명히 보여주는 **타인이라는 거울**이 있다.

인간은 대체로 거울에 비친 자기 모습을 마치 다른 개라고 생각해서 거울을 보고 짖는 개처럼 행동한다. 타인이라는 거울을 자주 보는 사람은 타인의 태도와 행동에 대해 면밀하고 날카로운 비판을 가하는 성향과 습관이 있다. 이들은 자기 개선을 위한 노력도 한다. 비난받는 타인의 행위를 스스로는 하지 않으려는 정의감이나 자부심도 충분히 지니고 있기 때문이다.

성경의 〈마태복음〉에는 '다른 사람의 눈에 든 티끌은 보지만, 자신의 눈에 든 대들보는 보지 못한다'는 도덕적 교훈이 있다. 우리 눈의 본성은 외부 사물은 잘 보지만, 자기 자신은 보지 못한다. 그래서 자신의 결점을 깨닫기 위해서는 남이 가진 결점을 찾아내어 비난하는 것도 매우 적절한 수단이다. 자신의 결점을 개선하기 위해서는 **하나의 거울, 즉 타인이 필요한 것이다.**

참된 우정이란

실제 삶에서는 참된 존경이나 우정이 존재하기보다 오히려 이를 외적으로 과시하거나 위선적인 행동이 더 많다. 쇼펜하우어는 차라리 이런 인간의 위선보다는 개가 꼬리를 흔드는 것이 더 솔직하다고 말한다. 참되고 진정한 우정은 타인의 행복과 불행에 대한 순전히 객관적이고 사심이 없는, 서로에 대한 강렬한 관심을 전제로 한다. 그리고 이러한 관심은 친구와 실제로 마음이 하나가 되는 것을 의미한다.

그런데 이것을 방해하는 것은 바로 인간의 본성에 깃든 이기심이다. 그래서 참된 우정이 과연 정말 존재하는지 알 수 없는 것이다. 인간관계는 실제로 다양한 종류의 숨겨진 이기적 동기에 의해 이루어지기 때문이다.

물론 다소 우정이라고 칭할 수 있는 관계가 존재할 수 있다. 어떤 친구가 진정한 친구인지 알아볼 최상의 기회는 바로 자신이 방금 당한 불행을 알리는 순간이다. 그럴 때 친구는 마음에서 우러나는 참되고 가식 없는 슬픈 표정을 짓거나, 마음의 평정을 유지하고자 한다. 자신이 겪은 커다란 불행에 대해 들려주거나 개인적 약점을 숨김없이 털어놓는 것이 어쩌면 평범한 친구들 사이에서 서로를 기분 좋게 해 주는 일이다. 이것이야말로 인간의 본성을 특징적으로 나타내는 것이다.

또한 자기에게 꼭 필요한 친구라는 생각 때문에 상대를 가까이 대하면 상대는 즉시 무언가 도둑맞은 듯한 느낌이 들어 그것이 무엇인지 찾으려고 할 것이다. 그래서 친구 사이는 어느 정도 서로 거리를 두는 것이 현명하다. 그러면 우정도 더 돈독해진다. 하지만 친구들이 서로 너무 멀리 떨어져 있고, 오래 만나지 못하면 우정이 점차 추상적 개념으로 메말라 서로의 관심도 변해간다. 비록 사랑하는 동물이라도 우리가 현재 눈앞에 보일 때만 진심으로 생생한 관심을 보이듯 우정도 현재 함께할 때 강력한 서로의 관심을 보이는 것이다.

솔직함

우리는 사교적 관계에서 자신의 지력과 분별력을 보여주는 것에 대해서도 조심해야 한다. 이때 특히 지력과 분별력에 대해 비판할 능력이 없는 사람일수록 미움이나 원한의 감정을 품을 수 있으며, 이를 숨길수록 그 감정은 더욱 격렬해진다. 지력이나 분별력을 드러내는 것은 간접적인 방식이긴 하지만, 다른 모든 사람의 무능력과 우둔함을 비난하는 것과 같기 때문이다. 더구나 천박한 성격을 지닌 사람은 자신과 상반되는 인물을 보면 정신적 혼란에 빠지게 된다. 그리고 그러한 혼란을 은밀히 부추기는 것이 바로 질투심이다. 분별력이 없는 사람이 분별력이 있는 사람에게 느끼는 질투심은 매우 크다.

반면, 자신의 정신적 열등감을 보여주는 것은 진실하고 솔직한 추천장과도 같다. 자기 열등감이 타인에게는 기분 좋은 우월감을 주기 때문이다. 기분 좋은 우월감을 마음에 주는 것은 몸에 따뜻함을 주는 것과 같다. 따라서 누구나 본능적으로 자신에게 따뜻하고 기분 좋은 우월감을 느끼게 하는 대상에게 다가가려고 한다. 다른 사람이 다가오도록 하려면 있는 그대로의 부족함을 보이는 것이 필요하다.

타인을 무조건 신뢰한다고 할 때, 거기엔 자신의 태만이나 사욕 혹은 허영심이 영향을 미치는 경우가 많다. 자기 자신을 스스로 검토해 보지 않고, 스스로 행동해 보지도 않고 남을 신뢰한다면, 그것은 태만한 것이다. 또한 자신의 문제를 이야기하고 싶은 욕구에 이끌려 남을 믿고 모든 것을 다 이야기해버리면 사욕이 작용한 것이다. 그리고 이러한 타인에 대한 믿음이 자신을 자랑하기 위한 목적이라면 허영심이 발동한 것이다. 타인이 불신한다고 해도 분개하지 않는 것이 좋다. 타인을 불신하는 것이 오히려 태만이나 사욕, 허영심이 작동하지 않는 자신의 솔직함을 드러내는 것일 수 있기 때문이다.

예의와 분별력

인간관계에서 예의란 무엇인가? 예의란 도덕적이며 지성적인 관점에서 서로의 부족함을 알고도 이를 서로 드러내지 않는다는 무언의 합의이다. 이는 서로에게 이익이 된다. 따라서 예의는 현명함이고, 무례는 어리석음이다. 경솔하게 적을 만드는 것은 마치 자기 집에 불을 지르는 행위와 같다.

예의는 아낄 필요가 없다. 예의를 지키는 것은 분별력 있는 행동이다. 밀랍은 성질이 딱딱하게 굳어지면 부서지기 쉽지만, 조금만 열을 가하면 부드러워져서 마음대로 어떤 형태로든 변형할 수 있다. 자신에게 적의를 품은 사람조차도 그에게 약간의 예의와 친절을 베풀면, 호의적인 사람으로 변할 수 있다. 따라서 예의의 작용은 마치 밀랍에 열이 작용하는 것과 같다. 또한 대부분의 사람은 존경받을 가치가 없음에도, 존경을 표현하도록 다른 사람에게 요구한다. 이런 경우 예의를 지키기 어렵지만, 자존심이 허락하는 한 해야 한다.

인간은 타인에게서 존경받지 못할 뿐 아니라 무시당할 때 모욕감을 느낀다. 이때는 자신의 가치와 품위에 대해 자만심을 갖지 않으면서 오히려 사람들의 예의가 일반적으로 웃는 가면일 수 있다고 생각해 보자. 이러한 생각을 하면서 모욕감 때문에 마음의 평정을 잃지 않는 것이 중요하다.

우리는 타인에 대해 예의를 지켜야 하지만 타인을 자기 행동의 모범으로 삼아서는 안 된다. 그 이유는 나와 타인의 처지, 상태, 사정이 다르고, 각자 행동 양식도 다르기 때문이다. 그러나 타인과 대화할 때 흥분해서 냉정을 잃고 자화자찬의 유혹에 빠지지 말아야 한다. 그렇게 되면 판단의 신뢰를 잃어 분별력이 결여된, 허영심 있는 사람이라고 여겨질 수 있다.

평범한 자의 겸손은 단순한 정직이며 예의 바른 태도이다. 그러나 재능이 뛰어난 사람들의 겸손은 위선일 뿐이다. 그래서 재능 있는 사람은 타인과의 관계에서 자신의 능력을 의식하고 자신감을 드러내는 것이 오히려 예의 바른 태도라 할 수 있다. '격한 어조로 말하지 말라'라는 원칙이 있다. 이는 감정에 호소하지 말고, 타인의 분별력에 맡겨 해석하도록 내버려 두라는 뜻이다. 그 이유는 말하고 난 이후에야 보통 분별력이 생겨 해석을 내릴 수 있기 때문이다. 사람의 성격은 변하지 않는다. 그래서 사람들의 성격에 따른 각자의 행동을 잘 기억해서, 자신의 태도와 행동을 잘 규율해야 한다. '냉혈동물에만 독이 있다'라는 속담이 있다. 이는 자신의 분노나 미움을 말이나 표정으로 드러내는 것을 완벽하게 피할수록, 자신의 의도를 더욱 완벽하게 행위로 드러낼 수 있음을 의미한다.

침묵과 말

자기 분별력을 드러낼 때는 말하는 것보다 침묵을 지키는 것이 현명하다. 침묵과 말의 기회는 똑같이 오지만, 일반적으로 일시적인 만족을 주는 말을 선호하는 경우가 많다. 실제로 큰 소리로 말하면 가슴이 후련해진다. 그러나 생각과 말 사이에 어느 정도 간격을 벌려두는 것이 좋다. 습관적으로 생각이 말과 친해지면, 숙고하고 분별할 수 있는 간격이 없어져 남과 대화할 때 자기도 모르게 즉시 생각이 말로 표현될 수 있기 때문이다.

그러나 생각이 말로 표현되어 다른 사람에게 전달되면 그 말을 다시는 주워 담을 수 없게 된다. 쇼펜하우어가 소개하는 삶의 지혜로서 말과 침묵에 대한 아랍의 격언이 있다. 그 격언 중에는 자기의 비밀을 말하지 않고 간직하고 있으면 그 비밀은 자기의 포로가 되지만, 그 비밀을 털어놓으면 자기가 그 비밀의 포로로 잡혀 있을 수밖에 없다는 것이다. 오히려 침묵하는 것이 마음의 평화를 얻는 삶의 지혜이다.

5. 세상사와 운

세상사를 지배하는 힘

예전부터 전해 내려온 세상을 지배하는 **세 가지 힘**이 있다. 이는 **현명함과 강함과 운**이다. 쇼펜하우어는 거기서 **운**이 가장 큰 역할을 한다고 말한다. 우리의 인생행로는 항해하는 배에 비유할 수 있다. **운, 즉 행운이나 불운은 바람의 역할**을 하면서, 우리를 앞으로 빨리 나아가게 하거나 뒤로 멀리 되돌려 보내기도 한다. 우리가 아무리 노력해서 배를 저어도, 바람에 맞서서 별다른 효력을 발휘하지 못한다. 이때 **노력은 마치 노의 역할을 한다.** 노는 애써서 얼마간 앞으로 나아가다 갑자기 돌풍이 불면 우리를 원래 자리로 되돌려 놓는다. 반면, 바람이 순풍이라면 노가 필요하지 않을 정도로 우리를 멀리 데려다 놓는다.

우리에게 행운이 있다면 우리가 바다에 내던져져도 죽지 않을 것이다. 이것이 운의 힘이다. 우리 인생 항로는 우리 스스로 만든 것이 아니라 운과 노력이 맞물려 변화시키는 수많은 결정과 일들의 산물이다. 우리는 결정을 미리 예언하거나 일어날 일을 예상할 수 없다. **우리가 알 수 있는 것은 현재의 결정과 현재의 일밖에 없다.**

우리 인생은 마치 체스 놀이와 같다. 인생에서 우리가 세운 계획은 체스 놀이처럼 상대방이 어떤 수를 쓰느냐에 따라 제약받는다. 그러나 아주 깊은 인간 존재의 밑바닥에 내적 충동으로 작용하는 원칙이 있다.

발타자르 그라시안(Baltasar Graciaá y Morales, 1601~1658)에 따르면 인간 내부에는 자신의 보호 본능으로서 '위대한 양지(良志)와 양능(良能)'이 있다.[43] 양지와 양능이란 교육이나 경험에 의하지 않고 선천적으로 타고 나온, 사물을 알고 행하는 마음의 작용이다. 이 마음의 작용은 누구에게나 마치 피와 체액 속에 흐르는 어떤 타고난 구체적 원칙처럼 작용한다. 그 원칙은 인간의 사고, 느낌, 의욕의 결과로 나타난다. 인간은 그 원칙을 이론적으로 알지 못하지만, 자신이 그 원칙에 이끌려 살아왔다는 사실을 자신의 인생을 돌아보면서 비로소 깨닫는다. 그것이 어떤 원칙인가에 따라 인간을 행복 혹은 불행으로 이끌기도 한다.

---

43) 그라시안은 17세기 스페인의 대철학자이다. 쇼펜하우어는 그의 인생에 대한 통찰과 인간관계의 본질에 대한 사유에 깊은 영향을 받았다.

세상사를 대하는 태도

지금 일어나는 세상사를 시간의 흐름에 따른 변화와 사물의 덧없음을 염두에 두고, 지금 일어나는 일을 반대로 상상해 보는 것이 현명한 판단을 위해 좋다. 예를 들어 행복에는 불행을, 우정에는 적의를, 좋은 날씨에는 나쁜 날씨를, 사랑에는 미움을, 신뢰하고 마음을 털어놓을 때는 배신과 후회를 생생하게 그려본다. 이러한 상상은 자신을 쉽게 기만하지 않게 하며, 세상을 사는 참된 지혜의 지속적인 원천이 되어 언제나 사려 깊게 행동하도록 할 것이다.

그러나 미리 결과를 예견해 시간을 앞질러 어떤 일을 실제로 해서는 안 된다. 다시 말해 시간이 흘러가야 만들어지는 것을 시간이 되기 전에 요구해서 억지로 만들어내려고 해서는 안 된다. 과일의 숙성된 맛은 시간이 만들어낸 것이다.

평범한 사람과 영리한 사람 사이에는 일상생활에서 빈번히 발견되는 특징의 차이가 있다. 평범한 사람은 이미 일어난 일에 대해서만 염려하는 반면, 영리한 사람은 혹시 일어날 수도 있는 일까지 숙고한다. 앞으로 일어날 수 있는 일을 통찰하려면 분별력이 필요하지만, 이미 일어난 일을 통찰하는 데는 감각만 있어도 된다. 그리고 세상사는 언제라도 변화할 수 있어서 이에 대해 크게 기뻐하거나, 슬퍼하지 않는 것이 좋다.

세상의 사소한 것에서 중대한 것에 이르는 모든 일을 필연적인 것으로 여기면 자신에게 닥친 재난을 의연하게 견딜 수 있다. 인간은 불가피하게 필연적으로 발생한 일에 곧장 순응할 줄 알기 때문이다. 심지어 인간은 전혀 생각하지도 못한 우연히 발생한 일조차 마치 아주 잘 알려진 원칙에 따라 필연적으로 일어난 것으로 생각할 수 있다.

행복해지기 위해 세상사를 대하는 데 중요한 덕목은 현명함이다. 그다음으로는 용기가 있다. 현명함과 용기는 스스로 획득했다기보다는 타고난 성격에 가깝다. 그러나 용기가 무모함으로 변질되지 않도록 현명한 절제가 필요하며, 어느 정도의 두려움 역시 세상을 살아가는 데 필요하다.

08

인간 심리와
교육이란 무엇인가

1. 인간의 심리

의지와 인식의 균형

인간이 지혜롭게 살기 위해서는 마음의 의지와 인식 사이의 적절한 균형을 유지하는 것이 중요하다. 물론 이러한 균형을 올바르게 유지하는 데에는 사람마다 한계와 차이가 있다. 인식의 사명은 의지가 발걸음을 옮길 때마다 **등불 같은 안내자 역할**을 하는 데 있다. 의지의 내적 충동이 격렬하고 충동적일수록, 의지에 부속된 지성은 그만큼 완전하고 명석하게 등불 역할을 수행해야 한다. 인식은 인간이 격렬한 의욕에서 비롯된 열정이나 격정에 휩쓸려 무분별해지고 오류에 빠지지 않도록 이끌어야 한다. 우리가 마치 타인에게는 얼굴만 보여주고 생식기는 숨기듯이, 우리 존재의 뿌리인 의지가 무분별하게 겉으로 드러나지 않도록 해야 한다.

우리는 비극적 드라마를 통해 인간의 고귀함과 비범함, 그리고 숭고함을 경험한다. 이는 무엇보다 의욕에 대립하는 인간의 인식 때문이다. 비극 속 주인공이 자신의 모든 의욕과 노력의 공허함을 깨닫고, 그 결과 의지 자체가 지양되는 장면에서 숭고함을 체험한다. 특히 인간의 이성은 예언자 역할을 한다. 이성은 현재의 행동이 미래의 결과에 미칠 영향을 전망하게 한다. 이성은 우리가 쾌락의 욕구나 분노의 폭발, 탐욕에 의해 잘못 이끌릴 때 이를 제어하는 데 적합하다. 그래서 이성은 우리 인생에서 인식이 의욕에 휘둘리지 않도록 하며, 삶의 현상을 객관적으로 파악할 수 있게 한다.

삶을 객관적으로 파악하기 위해서 우리의 의식은 사려 깊고 명료해야 한다. 인간의 사려 깊음은 자신과 타인의 존재를 명료하게 의식하게 한다. 그러나 명료한 의식은 개인의 타고난 정신력, 교양, 자유로운 여가에 따라 다양한 차이를 나타낸다. 눈앞의 의욕만을 위해 인식하는 많은 사람의 의식은 사려 깊지 않고, 명료하지 않으며, 그들의 삶은 불안하고 혼란스럽다. 그들은 자기 자신뿐만 아니라 자기를 에워싼 주위 세계에 대해서도 자각하지 못한다.

전적으로 눈앞에 보이는 욕구에 얽매인 삶은 현재에 국한된 동물의 삶에 가깝다. 그래서 그들은 눈앞에 보이는 욕구만을 충족시키는 데 급급하여 생각할 여유조차 없는 것이다. 그러나 시인이나 철학의 사려 깊은 명료한 의식은 의지에 봉사하는 모든 관계에서 벗어나 세계의식으로 향한다. 그들은 세상사에 직접 참가하는 것보다 세계의 본질을 탐구하고자 한다.

인간은 의식의 사려 깊음과 명료한 정도에 따라 각자 세상과 관계하는 자리를 찾을 수 있다. 마치 동물처럼 몸을 굽혀 대지로 얼굴을 향하는 사람들은 육체적 향락을 추구하며, 개인적 이해관계를 위해 생각하고 노력한다. 그러나 인류 가운데 다만 예외적으로 얼굴을 들어 하늘을 쳐다보는 고귀한 사람들이 있다. 이들은 사색하고 진실로 자신의 주위를 둘러보는 사람들이다.

나는 누구인가?

사람들은 거울을 보고도 자기 모습을 제대로 알지 못한다. 또한 다른 사람을 상상하듯 자신을 상상하여 마음속에 그릴 수 없다. 무슨 까닭일까?

우리는 보통 거울을 볼 때 정면을 보면서 시선을 움직이지 않고 자신을 바라본다. 거울 속 자신을 낯선 사람의 다양한 시선으로 바라볼 수 없다. 그런데 자기 모습을 파악하기 위해서는 우선 낯선 사람의 시선으로 바라보아야 한다. 낯선 시선은 결국 자신의 깊은 곳에서 느껴지는 무의식적인 비아(非我)로부터 나오는 것이기 때문에, 자신의 모습을 순수하고 가식 없이 진실하게 드러낸다. 그런데 고정된 시선으로 거울 속 자신을 바라보면 자아가 순수한 파악을 방해하여 본래의 근원적인 모습, 의지 전체를 볼 수 없다.

인간 내부의 근원적이며 진정한 것은 자연의 힘처럼 무의식으로 작용한다. 의식을 통과한 것은 하나의 표상이다. 성격과 정신의 진정하고 순수한 모든 특성은 본래 무의식적인 것이다. 모든 의식적인 것은 무의식적인 것이 의도적으로 수정된 것일 수 있다. 인간이 무의식적으로 행하는 것은 어떤 노력으로도 대체될 수 없으며, 독창적인 생각 또한 무의식적으로 떠오른다. 그래서 무의식적으로 내재된 타고난 자질만이 진정하고 확실한 것이다. 우리가 무언가를 성취하려 할 때도, 자신이 무의식적으로 따르는 규칙에 따라 행동하거나 스스로를 훈련하는 것이다.

누구나 내부에는 고뇌를 견디고 행동하는 힘이 무의식적으로 내재해 있다. 그러나 어떤 우연한 계기로 인해 그 힘이 작동할 때까지는 스스로 그 힘을 알지 못한다. 이는 마치 거울처럼 잔잔한 호수를 바라볼 때 그 물이 폭포수가 되어 사납게 날뛰며 바위 위로 떨어질지 또는 분수가 되어 얼마나 높이 솟아오를지 알지 못하는 것과 같다. 마치 차가운 얼음 속에 열기가 잠재되어 있지 않다고 생각하는 것처럼.

인간은 누구나 자기 시야의 끝을 세계의 끝이라고 생각할 수 있다. 자기 시야로 세계를 보는 것은 마치 지평선이 하늘이 땅과 맞닿은 허상으로 보이는 것과 같이 불가피하다. 그러나 이것 역시 단지 자신의 잣대로 세상을 평가할 수밖에 없다는 사실을 드러내며, 인간은 이를 감수할 수밖에 없다.

또한 인간 개인 삶의 과정과 사건들이 지닌 의미는 모자이크 작품에 비유할 수 있다. 모자이크 작품에 가까이 다가가 보자. 묘사된 대상을 제대로 인식할 수 없고, 그 중요성과 아름다움을 자각하지 못한다. 그러나 작품과 멀리 떨어져서 보면, 그 작품의 제 모습이 드러난다. 이처럼 삶에서 발생한 중요한 사건과 연관된 의미도 후에 상당한 시간이 흐르고 나중에 **이야기로 기술되었을 때 그 의미가 드러난다.** 마치 우리가 나무숲 안에 들어가 있으면 그 모습을 볼 수 없지만, 숲 밖에서 멀리 바라보면 그 형상이 보이는 것과 같은 이치다.

습관이란

인간의 습관적인 행동들은 타고난 성격에 기인하여 항상 같은 필연성에 의해 발생한다. 인간은 습관의 힘에 따라 늘 같은 행동을 한다. 습관의 힘은 보통 타성에 기인한다. 타성은 우리의 지성과 의지가 새로 선택하는 노력과 어려움, 위험을 피하려 한다. 그래서 우리는 수없이 했던 일을 어제도 오늘도 이어간다.

보통 타성의 힘은 기계적 원인으로 움직이는 물체에 작용한다. 그리고 우리의 타성화된 습관적 행위 또한 특별히 작용하는 행위의 동기가 없이 기계적으로 행해지는 것처럼 보인다. 그래서 습관이 된 행위에 대해 별로 의식하지 않는다. 그러나 이러한 인간 습관의 본질은 좀 더 깊은 곳에 있다. 인간의 행위에는 어떤 동기가 있는 것이다. 그래서 습관이 된 모든 행위의 최초 실례에는 동기가 있었다.

실제로 습관이 된 최초 행위의 동기는 타고난 성격으로 드러나는 의지이다. 그 동기의 이차적 여파가 지금의 습관이다. 습관은 마치 충격으로 움직이는 물체가 그 운동을 지속하기 위해 더 이상 새로운 충격이 필요 없고, 방해만 없다면 영원히 계속 움직이듯 그렇게 작용한다.

희망과 절망

우리가 항상 건네는 희망의 말 중에 "오래오래 사십시오."라는 말이 있다. 이것은 결국 삶의 의지가 인간의 본질임을 나타낸다. 죽은 뒤에도 **자기를 기억해 주었으면**, 하는 소망이나 결국 사후의 명성까지 추구하게 되는 소망도 결국 삶에 대한 집착에서 생기는 것이다.

희망이란 무엇인가? 희망은 우리 삶에서 의지와 지성이 경쟁하는 상태이다. 의지는 그 희망의 대상을 소망하고, 지성은 그것이 과연 소망할 만한지 계산한다. 의지보다 지성에 의해 그 대상이 소망할 가치가 있다고 판단될수록 희망은 더 커지고, 그 반대의 경우에는 희망에서 점점 멀어진다. 희망 없는 불운은 신속한 치명적 일격과 비슷하다. 반면, 좌절하면서도 끊임없이 되살아나는 희망은 마치 고문으로 서서히 죽어가는 사람과 비슷하다. 이것이 희망 고문이다.

그렇다면 **절망한다는 것은 무엇인가?** 자기가 소망한 것을 믿는 것은 당연한 일이다. 그런데 거듭되는 운명의 가혹한 타격으로 인간 본성의 자비로움이라는 특성이 뿌리째 뽑히는 경우가 있다. 심지어 자신이 소망하지 않은 것이 오고, 소망한 것은 절대 오지 않는다고 굳게 믿는 상태가 있다. 이것이 절망이다. 그래도 과거를 후회하기보다는 성취될 수 없는 소망에서 오는 고뇌가 더 나을 수 있다. 소망은 항상 무한히 열려 있는 미래를 향해 수없이 또 다른 소망을 가질 수 있지만, 후회는 돌이킬 수 없이 닫힌 과거를 대하고 있기 때문이다.

2. 기억과 상상력

기억과 이미지

기쁨이나 슬픔은 표상이 아니라 일종의 의지 감응 상태이기 때문에 잘 기억되지 않는다. 그러한 감정을 다시 환기하는 것은 불가능하다. 우리는 단지 감정 상태로 인해 자신이 표현한 것들만 기억할 뿐이다. 기쁨과 슬픔에 대한 기억은 언제나 불완전하며 지나가면 우리와 무관한 일이 되어버리곤 한다. 고통과 기쁨의 진정한 본질은 의지 속에 있지만, 의지는 그 자체로 기억을 갖지 않는다. 기억은 표상을 제공하는 지성의 한 기능이기 때문이다. 지성은 본래 단순한 표상 그 이상을 제공하지 않는다.

우리의 기억력은 마치 모래로 계속 새로운 형태를 만들어내는 능력처럼 끝이 없다. 그러나 우리가 다방면의 지식을 갖게 되면, 지금 갑자기 필요한 것을 기억 속에서 찾아내는 데 그만큼 더 긴 시간이 걸린다. 이는 마치 다양한 물건이 놓인 커다란 창고에서 누군가 방금 요구한 물건을 찾아내야 하는 상인과 같다. 그 사람은 정신력의 훈련을 통해 가능한 수많은 사고 과정을 지닌다. 그는 그중에서 자신이 필요한 지식을 이끌어낼 특정한 사고 과정을 불러내야 한다. 기억력은 보관 용기가 아니라 정신력의 연습 능력에 불과하기 때문이다.

가끔 기억 속에서 아주 잘 알고 있는 외국어 단어나 술어가 떠오르지 않을 때가 있다. 그럴 때는 좀 더 고심하다가 그 문제를 완전히 접어 버린다. 그러다 한두 시간, 혹은 며칠, 몇 주 후에 전혀 다른 것을 생각하던 도중에 찾던 단어가 갑자기 떠오르기도 한다. 이런 경우에는 기억장치를 이용해 그 단어를 한동안 단단히 붙들어 매는 것이 좋다.

이것은 마치 나의 의지가 고통스러운 헛된 탐색 후 그 단어에 대한 욕망을 간직한 채 지성 속에 염탐꾼을 풀어놓는 것과 같다. 그 염탐꾼은 나중에라도 내가 생각하는 과정에서 그 단어와 비슷한 단어가 우연히 떠오르면 곧장 달려들어 찾던 단어를 완성한다. 마치 선생님이 어린아이에게 첫 번째 철자와 그다음 두 번째 철자를 알려주면 그 단어가 아이의 입에서 튀어나오는 것과 같은 이치다.

단순한 개념보다 구체적 이미지가 기억 속에 더 확고히 자리 잡는다. 그래서 상상력이 풍부한 사람은 다른 사람보다 언어를 빨리 배우며, 사물의 구체적인 이미지를 새로운 단어와 즉시 결부한다. 기억 속에 단단히 새겨 두고 싶다면 직접

적인 실례나 단순한 비유, 은유로 바꾸어 생각하는 것이 좋
다. 모든 구체적인 것은 단지 추상적으로 생각한 것이나 단
순한 언어 이상으로 훨씬 더 견고하게 기억에 남기 때문이
다. 우리는 문자로 읽은 것보다 직접 구체적으로 경험한 것
을 훨씬 잘 보존한다.

기억과 상상력

인간이 기억한 것은 기지(奇智)에 의해 구체적인 이미지로
변화한다. 실제로 나이가 들수록 기억에 그냥 맡겨 둔 것은
잘 떠오르지 않는다. 그러나 인생 초기에 경험한 것은 단단
히 기억 속에 새겨져 나이가 들어도 이미지로 되살아난다.
그래서 노인의 추억은 어린 시절 과거로 갈수록 더욱 또렷한
그림처럼 떠오르지만, 현재에 가까울수록 점점 희미해진다.
기억도 마치 시력처럼 원시가 되어버린다.
그러나 인생에는 외부에서 아무런 특별한 사건이 없어도,
오히려 내부 감수성의 변화로 그 시점의 상황이 명료하게 지
각되는 순간의 기억이 있다. 그것은 이후에도 기억에 깊이
각인되고 그 개성적인 전체 모습으로 보존된다. 우리는 이와
비슷한 수많은 순간이 도대체 왜 바로 기억되는지 알지 못한

다. 이것은 마치 암석층 사이에 보존된 멸종 동물 표본이나, 언젠가 책을 덮은 순간 우연히 압사해 버려 보존된 곤충들을 발견하는 것처럼 정말 우연한 일이다. 그러나 이런 종류의 기억은 언제나 사랑스럽고 기분 좋은 것이다. 지나간 생애의 몇몇 장면이나 사건들은 그 당시엔 그냥 지나쳤지만 기억 속에서 아름답게 남아있는 것들이 있다. 그것은 바로 우리 생애의 기억 심상이 만들어내는 모자이크와 같은 것이다.

가끔 아주 오래전 특별한 계기도 없이 갑자기 생생히 살아나는 기억들이 있다. 이러한 기억들은 대부분 명료한 의식이 아닌 가벼운 냄새처럼 바로 느껴진다. 냄새는 쉽게 기억을 일깨워주고 어디서나 극히 미미한 자극만 있어도 연상이 가능하다. 그래서 **후각은 기억의 감관이다.** 직관적 경험을 하는 지성의 감관은 시각이고, 경험을 넘어 사유하는 이성의 감관은 듣는 귀이다. 그러나 촉각과 미각은 일상 삶의 접촉에 매인 현실주의자들의 감관이다.

가벼운 취기는 종종 지나간 시간과 장면에 대한 기억을 더 또렷하게 해준다. 그래서 이러한 상태에서는 술 취하지 않은 상태보다 상황에 대한 기억이 더 잘 떠오른다. 그러나 술 취해 있는 동안 자신이 한 말이나 행동은 이후에 희미하게 되살아나고, 심하게 취한 뒤의 기억은 완전히 사라진다. 술이 가볍게 취한 상태는 기억력을 높여주지만, 술이 깬 후에는 취한 상태에서 한 말이나 행동에 대한 기억은 별로 없다.

상상력이 풍부한 사람은 외부의 감각 자극이 없어도 뇌 활동이 직관적으로 강력하게 활동한다. 그런 사람에게 외적 감각을 통한 자극이 적을수록 상상력의 활동은 더 활발해진다. 상상력은 감옥이나 병실에서의 오랜 고독, 정적, 황혼, 암흑 속에서 오히려 자발적으로 촉진된다. 이와 반대로, 외부로부터 많은 현실적 자극이 직관에 주어지면 상상력은 멈춘다. 이를테면 상상력은 여행 중 끊임없이 새로운 자극을 받을 때나 세상사가 번잡할 때, 혹은 환한 대낮에는 잘 활동하지 않는다.

그런데도 상상력이 열매를 맺기 위해서는 외부 세계에서 들어온 많은 소재가 상상력의 저장고에 채워져야 한다. 상상력의 자양분은 마치 신체의 자양분과 같다. 외부로부터 많은 영양분이 들어오면 신체는 그것을 소화해야 하므로 활동을 멈추고 싶어 한다. 그러나 이 자양분 덕분에 신체의 힘은 적절한 때 발휘된다. 이와 마찬가지로 상상력의 저장고에 채워진 소재도 적절한 시기에 열매를 맺게 된다.

3. 얼굴의 인상

얼굴은 해독할 수 있는 상형문자

관상이란 얼굴의 인상을 보는 것이다. 우리는 일상생활에서 보통 처음 마주하는 사람의 얼굴 인상을 살펴본다. 그리고 흔히 그 사람의 도덕적, 지적 본질을 미리 알아보곤 한다.

인간의 얼굴은 해독할 수 있는 일종의 상형문자이다. 그것의 기호가 우리 내부에 고스란히 저장되기 때문이다. 심지어 한 인간의 얼굴이 대체로 그의 입에서 나온 말보다 더 많은 것을 보여줄 수도 있다. 얼굴은 한 사람의 모든 사유와 노력의 모노그램처럼, 마치 그가 말하려는 모든 것을 요약한 편람 같다. **입은 그 사람의 생각만을 말하지만, 얼굴은 그 사람의 자연적 본성을 드러낸다.** 그래서 모든 사람과 대화를 나눌 가치는 없지만, 그들의 얼굴을 유심히 관찰할 만한 가치는 있다.

그러나 얼굴의 암호 해독은 위대한 것이지만, 어려운 일이다. 어떤 사람의 관상을 보려면 그 사람은 아직 낯선 자라야 한다. 비교적 자주 보거나 대화를 나누어 그의 얼굴에 익숙해진 사람에게서 온전한 인상을 받을 수는 없다. 따라서 순전히 객관적인 인상만으로 그 얼굴을 해독할 수 있는 것은 엄밀히 말해 처음 보는 순간뿐이다. 마치 포도주 냄새가 처음 풍겨왔을 때 후각을 자극하고 첫 잔에서 제대로 맛을 느낄 수 있듯 얼굴 역시 첫 만남에서 온전한 인상을 준다. 그를 알게 되고, 교제를 나누면서 첫인상이 지워지지만, 계속 만나다 보면 언젠가 그 인상이 틀리지 않았음을 알게 된다.

그래서 개인적으로 중요한 사람이라면, 그의 첫인상을 적어두는 것이 좋다. 관상을 보는 통찰력을 지닌 사람은 어떤 사람과 친분을 쌓기 전에 그의 행동이나 발언에 주의를 기울인다. 얼굴은 그가 어떠한 존재인지 전적으로 말해주기 때문이다.

만약 어떤 사람에 대한 관상이 우리를 속인다면, 그것은 그의 잘못이 아니라 우리의 잘못이다. 그 사람과의 대화에서 자기 스스로 어떤 사람인지 말하도록 하면서, 말하는 특징이나 표정을 통해 그의 지적 수단과 능력을 일시적으로 판단할 수는 있다. 그러나 그의 말을 듣고 보다 깊은 내면의 인간 도덕적 자질을 판단할 수는 없다. 또한 순간 그가 말할 때의 표정 변화는 알 수 있지만, 이미 개인적 관계로 들어서서 주관적 판단이 개입하게 되면 온전한 판단을 내릴 수 없게 된다.

그래서 차라리 그 사람이 스스로 어떤 사람인지 말하지 않도
록 하는 것이 우리가 그의 온전한 인상을 얻는 데 더 낫다는
것이다.

인상학적 시선이란

인간의 진정한 관상을 순수하고 깊이 포착하기 위해서는,
그가 홀로 자기에게 전적으로 내맡겨져 있을 때 관찰해야 한
다. 그가 다른 사람과 대화하며 서로 반응하게 되면, 이미 다
른 사람의 모습을 자신에게 반영하게 된다. 오로지 자기에게
내맡겨진 채 생각과 감정에 잠겨 있을 때, 그는 온전히 그 자
신이 된다. 이때 깊이 꿰뚫어 보는 인상학적 시선은 그의 본
질 전체를 단번에 포착할 수 있게 한다. 홀로 있는 그의 얼굴
그 자체에는 자신의 모든 생각과 노력의 근본적인 음조가 담
겨있다.

인간이 아무리 위장해도 관상학은 단번에 그를 알아챈다.
관상학은 위장술이 미치지 못하는 유일한 영역이다. 인상학
적 시선은 일반적으로 그 사람의 도덕적 성격보다 지적 능력
을 훨씬 쉽게 발견한다. 지적 능력은 도덕적 성격보다 외부로
훨씬 더 많이 드러나기 때문이다. 지적 능력은 얼굴과 표정

연기뿐만 아니라 걸음걸이, 모든 움직임에 표현되어 있다.

예를 들어 우리는 우둔한 사람과 지적인 사람을 구분할 수 있다. 우둔한 사람은 모든 움직임에서 납덩이처럼 둔중한 모습을 보이고, 모든 몸짓에서 어리석음이라는 뚜렷한 특징이 나타난다. 마찬가지로, 지성적 사고도 본모습을 드러내는 행동 속에 담겨있다. 우둔한 사람은 마네킹처럼 움직이지만, 재기 넘치는 사람은 모든 관절을 활용해 다양한 자기표현을 한다.

하지만 정신적 특질은 몸짓과 움직임보다는 얼굴에서, 이른바 이마의 형태와 표정의 긴장 및 움직임, 무엇보다도 눈빛에서 가장 잘 인식된다. 작고 흐릿하며 칙칙한 눈빛에서 중간 단계를 거쳐 빛나고 번쩍거리는 천재의 눈빛으로 높아질수록 정신적 특질은 눈빛에서 더욱 뚜렷하게 드러난다. 자신의 안녕만을 위한 영리한 눈빛은 의지에 봉사하기 때문에, 순수하게 인식하는 천재성을 띤 맑은 눈빛과는 다르다.

그러나 인간의 도덕적 품성은 관상학적으로 파악하기 어렵다. 인간의 도덕적 품성은 근원적인 전체의지에 대한 통찰에 이르러야 하며, 지성과는 비교할 수 없을 만큼 내면의 깊은 곳에 있다. 도덕적인 관점에서 악의적인 생각이나 추구 같은 것은 눈에 서서히 흔적을 남길 순 있으나 대체로 숨겨있다.

따라서 관상학적으로 볼 때 어떤 사람이 결코 불후의 작품
을 남기지 못하리라고 확신하는 것은 쉽지만, 그가 결코 큰
범죄를 저지르지 않을 것이라는 보장은 없다.

4. 교육과 인식

세계를 알게 하는 것

모든 교육의 목표는 세계를 알게 하는 것이다. 그래서 교육에서는 직관적 경험이 모든 개념에 선행해서 이루어져야 한다. 교육자는 인식의 자연적 순서를 탐구하여야 한다. 그런 다음 이 순서에 따라 아이들에게 세계의 사물들과 그 관계를 체계적으로 가르쳐야 한다. 그래서 언제나 중요한 점은 직관에서 개념적 이해로 나아가는 것이다.

직관은 폭넓고 다양한 경험에 주의를 기울이게 한다. 아직 빈약한 직관을 지닌 아이에게 어른들이 개념과 판단을 강제로 새겨 넣어 선입견을 심어서는 안 된다. 그렇게 되면 아이는 나중에 개념이나 판단을 자신의 직관과 경험에 꿰맞추려 할 것이다. 이미 선입견이 된 개념을 직관이 바로잡으려면 오랜 시일이 걸리거나, 경우에 따라서는 결코 바로잡을 수 없게 된다.

아이에게 생생한 현실 경험을 원본으로 삼아 인생을 알게 해야 하며, 사본과 같은 개념 혹은 책으로 미리 인생을 알게 해서는 안 된다. 그래서 아이들에게 서둘러 책만 쥐어주는 것이 아니라, 사물과 인간관계를 경험을 통해 알게 해 주어야 한다. 무엇보다도 아이들이 현실을 순수하게 파악하도록 이끌고, 그 현실 경험으로부터 개념을 직접 끄집어내어 형성하도록 해야 한다. 개념을 현실 경험이 아닌 다른 곳,―즉 책이나 동화, 타인의 말 등―에서 가져오게 되면 환영과 선입견을 심어줄 수 있다. 그런 환영으로 가득 찬 머리는 현실을 잘못 파악하게 하거나, 그런 환영에 따라 현실을 개조하려 헛되이 애쓰게 되어, 결국 그 아이를 실제 미로에 빠뜨릴 수 있다.

일찍부터 머릿속에 흡수된 오류는 지우기 어렵고, 판단력은 늦게 성숙한다. 그래서 아이들이 16세가 될 때까지는 커다란 오류가 있을 수 있는 모든 가르침―철학, 종교, 온갖 종류의 일반적 견해나 신념―으로부터 멀리해야 한다. 판단력이 이러한 선입견에 의해 마비되지 않도록 교육해야 하기 때문이다. 그 시기엔 오류가 있어도 그다지 위험하지 않고 누구나 이해할 수 있는 어학이나 자연과학, 역사와 같은 학문을 가르쳐야 한다. 유년기와 청년기는 근본적으로 자료를 수집해 개별적이고 특수한 것을 알아가는 시기다. 그래서 이 시기에 판단은 보류하고, 최종 설명은 뒤로 미루어야 한다.

판단하려면 성숙한 경험이 있어야 하기 때문이다.

반면, 기억력은 청년기에 가장 활발하고, 오래 지속되며, 매우 중요한 역할을 한다. 청년기에 확실히 기억해 둔 것은 평생 남기 때문에, 이 귀중한 소질을 최대한 유익하게 이용해야 한다. 우리가 태어나서 12년 동안 알게 된 사람들이나 사건과 그 시기에 경험한 것과 배운 것은 대부분 잊히지 않고 뇌리에 깊이 새겨 있다. 그래서 청년기에는 그들의 활발한 정신의 감수성과 집중력을 바탕으로 교육이 이루어져야 한다.

하지만 인간의 청년기는 불과 몇 년밖에 안 된다. 그리고 각 개인의 기억 능력은 언제나 한정되어 있어서 자신의 재능에 맞는 본질적이고 중요한 것을 선택하여 습득하게 하는 것이 중요하다. 이 시기 개인의 재능에 맞는 교육은 각 전문 분야의 유능한 사람과 충분히 숙고해서 선택해야 하며, 그 선택의 결과가 교육으로 확인되어야 한다. 이러한 청년기 기억의 힘을 최대한 유리하게 이용해 교육하면, 그 기억은 이후 판단력의 사용에 탁월한 소재가 된다. 청년들은 자신의 재능에 집중해서 교육받으면 더욱 인격을 지닌 자로 성숙하게 될 것이다.

인식이 성숙한다는 것

개인의 인식 능력이 성숙한다는 것은 모든 추상적 개념과 직관적 경험 사이의 연결이 정확히 이루어져 간다는 것이다. 각각의 개념은 직관적 경험을 토대로 실질적 가치를 지닌다. 마찬가지로 인간은 자신의 직관적 경험을 그것에 적합한 올바른 개념에 포함시키며 성숙해 간다. 이러한 인식의 성숙은 삶의 경험과 시간의 산물이다. 예를 들어, 어떤 사람이 추운 겨울날 혹한의 눈보라를 헤치며 긴 시간을 걸어 도착지에 이른 경험은, 이후 자신의 추상적 개념인 '인내'를 성숙시킬 수 있는 소재가 된다.

이렇듯 직관적 인식은 자연스러운 경험의 과정으로, 추상적 인식은 옳고 그른 것의 판단에 대한 가르침과 전달을 통해 얻어진다. 청년기에는 대체로 고정된 개념과 직관에 의한 실질적 인식 사이에 합일과 연결이 거의 일어나지 않는 방황의 시기이다. 그러나 점차 개념과 직관이 접근해 서로를 바로잡는다. 인식의 성숙은 두 가지가 완전히 합체해서 하나가 되었을 때 비로소 이루어진다. 이러한 인식의 성숙 정도는 직관과 개념이 서로 어떻게 깊이 있게 결합해 있는가에 달려 있다. 그리고 이러한 인식의 성숙은 인격적 성숙과 함께 가는 것이다.

타인의 행위를 지도할 경우, 타고난 성격을 이해하는 것도 중요하다. 이성의 숙고에 의해 인위적으로 타인의 성격을 고치려고 하면 할수록 그는 본래의 성격으로 되돌아오고 만다. 물론 일반적인 행위의 규칙에 따라 가르칠 수 있지만, 그것이 각자의 성격에 맞지 않으면 실생활에서 그 규칙을 매번 위반하게 된다. 그래서 사람마다 타고난 성격에 따른 각자 행위의 규칙을 스스로 이해하게 하여 행위를 할 수 있도록 지도하는 것이 중요하다.

스스로 사고하기

지식이란 스스로 사고하여 자기 것으로 만든 것이다. 이렇게 자신의 사고로 철저히 다듬어진 지식만이 다양하게 숙고할 가치가 있다. 스스로 사고하는 자는 알고 있는 지식을 모든 방면으로 조합하고 진리들을 서로 비교해서 자기 것으로 만든다.

읽기와 배움에는 마음대로 힘을 쓸 수 있지만, 사고는 뜻대로 되지 않는다. 마치 불에 공기를 넣어 지펴주듯, 대상에 관한 관심을 자극하여 사고를 부추겨야 한다. 그런데 이러한 관심은 천성적으로 사고하는 머리를 타고난 사람에게만 생긴다. 이들에게 사고는 호흡만큼이나 자연스러운 일이다. 그러나 이처럼 사고하는 사람은 매우 드물고, 학자 중에서도 드물다. 학자란 책을 많이 읽은 자들이다. 사상가, 천재, 세상 사람을 깨우쳐주는 자, 인류의 후원자는 **세상이라는 책을 직접 읽는 사람**이다.

독서를 하면 사고가 타인의 생각에 자주 끌려다닐 수 있다. 만약 책이 우리를 이끌어준다면, 그 책 안에 얼마나 많은 미로가 있는지 보여주는 데 유용할 뿐이다. 그러나 독자적이고 자발적으로 생각하는 사람은 미로 가운데 올바른 길을 발견하는 나침반을 갖고 있다. 그는 자기 사고의 샘이 막혔을 때 독서한다. 그런데 우리는 간혹 책을 읽기 위해 오히려 본래의 자기 생각을 쫓아내기도 한다. 이것은 마치 말린 식물 표본을 보거나, 동판화 속의 아름다운 경치를 보기 위해 야외를 떠나는 사람과 같다.

단순히 습득한 진리는 마치 밀랍으로 만든 코나 남의 살로 성형 수술한 코처럼 우리 몸에 그냥 붙어 있기만 할 뿐이다. 하지만 스스로 사고하여 얻은 진리는 자연스러운 자신의 수족과 같으며, 정말 자기의 것이다. 사상가와 단순한 학자의 차이도 이런 사실에 기인한다.

현실의 세계에서 아름답고, 행복하고, 흥겨운 상태가 있다고 해도 우리는 항상 중력의 영향을 받으면서 힘겹게 살아간다. 이에 반해 사유의 세계에서 우리는 중력의 영향도 받지 않고 힘겨움과 위기도 없는 비육체적인 영혼이다. 현실 세계의 그 어떤 행복도 스스로 사유하는 자의 정신적 행복의 순간과 비교할 수 없는 것이다.

09

젊음과 늙어감이란 무엇인가

　인간은 일생 현재만을 소유하며 살아갈 뿐이다. 그런데 태어나서 노년에 이르기까지 평생 같은 현재 속에 살지만 현재를 체험하는 방식은 세월의 흐름에 따라 다르다. 젊은 시절에는 눈앞에 긴 미래가 펼쳐져 있다. 그러나 점점 나이가 들면 긴 과거가 뒤에 보인다. 그리고 평생 성격은 변하지 않지만, 매번 현재를 체험하는 색조가 달라진다. 이것은 세월이 흐를수록 인생의 색조가 변화하는 것과 같다.

1. 유년기의 추억

유년기의 인식

우리 인생의 첫 사분의 일의 행복은 유년 시절에 있다. 성년이 되어 유년 시절을 되돌아보면, 그것이 잃어버린 낙원처럼 느껴지기도 한다. 유년기에는 의욕적이기보다는 훨씬 인식적이다. 사람 관계에서 욕구가 미약해 의지의 자극도 별로 없으며, 존재 활동은 인식 작용에 몰두한다. 일곱 살이 되면 이미 지성은 새로운 존재가 활동하는 전체 세계에서 끊임없이 자양분을 얻으려 한다. 이 세계는 신기한 매력으로 가득 차 있는 듯하다. 유년 시절의 기억이 시적 분위기를 띠는 것은 바로 그 때문이다.

많은 작가의 시적 이미지들은 어린 시절의 추억에서 생겨난다. 어린 시절, 눈앞에 펼쳐진 세상과 삶에 대한 인상은 너무나 새롭고 싱싱하며, 반복해서 떠올려도 생생하다. 시적 본질은 모든 개별적인 것에서 모든 종의 공통적인 본질을 파악하는 데 있다. 어린아이는 신기하게도 언제나 자신도 모르

게 개별적인 삶의 장면에서 그 어떤 본질적인 것, 삶의 근본
적인 유형을 인식한다.

나이가 어릴수록 아이는 자신이 경험한 개별 사물을 통해
전체 종의 속성을 파악한다. 물론 이러한 사물의 본질에 대
한 인상은 해마다 조금씩 약해진다. 그러나 어린 시절에 이
미 세계관을 이루는 확고한 토대가 형성되고, 그 폭이나 깊
이도 형성된다. 세계관은 성장하면서 내용이 더해져 깊어지
지만, 본질적으로는 변하지 않는다. 어린 시절에는 객관적이
며 본질적인 것을 인식하기 때문이다.

이 시기에는 아직 온전한 개인의 욕구가 나타나지 않는다.
욕구를 추구하기보다는 세상에 대한 인식적 태도를 지니게
된다. 어린이가 진지하게 살피는 순수한 눈빛은 이러한 인식
적인 태도 때문일 것이다. 그래서 우리의 어린 시절은 세상
과 사람에 대해 '무엇' 혹은 '왜'라는 질문을 많이 던지는 시
기이기도 하다.

어린아이는 직관적이다

어린아이는 처음 사물을 직관적으로 이해하는 데 몰두한
다. 그래서 어른들의 개념적 교육은 세계를 직관적으로 파악

하는 데 도움을 주지 못한다. 실제로 세계를 직관적으로 파악하는 능력은 자신의 성격이나 기질 깊은 곳에서 나온다. 유년기에 살았던 주변 환경과 경험이 기억에 확고하게 새겨지는 이유도 처음 본 외부 세계를 직관적으로 깊이 파악하기 때문이다. 어린아이는 주변 환경과 경험에 전적으로 몰입하며, 그때 마음을 흩트리는 것은 아무것도 없다.

유년기에는 사물의 본질적인 것에 마음이 가기 때문에, 자기의식 속에 숨어 있는 욕구를 잘 모른다. 또한 삶이 멀리서 본 무대 장식처럼 보인다. 어린 지성은 예술 같은 현실이 보여주는 모든 형상을 행복이 넘치는 존재로 바라본다. 그러나 이후에 점점 나이가 들면 현실 생활에 대한 갈증이 생기고, 행위에 대한 충동과 고통이 생겨난다. 사물에 대한 의욕이 생기고, 그 의욕은 점차 인식의 방해를 받으면서 유년기가 지나가는 것이다. 마치 봄이 시작될 때 모든 나뭇잎의 색이 푸르고 형태가 거의 비슷해 보이는 것처럼, 유년기에는 같은 또래 모두가 서로 비슷해 보이며 쉽게 친해진다. 그러나 사춘기가 되면서 각자의 개성이 점차 큰 차이로 드러나게 된다.

2. 청년기와 인간의 성숙

욕구와 행복에 대한 추구

사춘기를 거쳐 청년기에 이르면 세상에 대한 욕구와 행복에 대한 추구로 인해 끊임없이 자신과의 불화와 삶의 불만이 생긴다. 막연히 꿈꾸었던 행복의 그림자가 변덕스러운 모습으로 눈앞에 어른거리지만, 뜻대로 되지 않는다. 청년기에는 자신이 겪는 고통과 불행을 자신의 처지와 환경 탓으로 돌리면서 기대한 것에 대해 공허함과 궁핍을 처음 알게 된다. 그리고 이때 대체로 문학 등을 통해 간접적으로 세상을 알게 된다. 그들에게 세상에 대해 헛된 꿈을 갖지 않도록 현실 경험을 통한 가르침을 주는 것이 도움이 된다.

인생 전반기에는 주로 충족될 수 없는 행복에 대해 동경한다. 이를테면 청년기에는 세상에서의 행복을 추구하지만, 거기에 도달하기 어렵다고 생각한다. 그러나 인생의 후반기로 갈수록 온갖 행복은 환영에 불과하고, 고뇌가 현실이라는 것을 분명히 인식하게 된다. 그래서 이성적 성격을 지닌 사람이라면 행복보다는 고통이 없는 상태를 추구하게 된다. **노년 기에 이르러서는 세상에서 아무것도 얻을 수 없음을 통찰하 고 그냥 견딜 만한 현재를 즐긴다.** 이때 인간 세계의 고통에 서 벗어난 느낌을 받는 것이다.

성숙한 인간은 인생 경험을 통해 복잡하게 보였던 사물을 단순하게 보고, 그것을 있는 그대로 받아들인다. 그러나 청 소년기에는 스스로 만들어 낸 환영으로 현실 세계를 뒤덮거 나 일그러뜨릴 수 있다. 그래서 이러한 환영이나 잘못된 개 념으로부터 해방되기 위한 인생 경험이 중요한 것이다.

청년기에 이러한 환영이나 잘못된 개념을 갖지 않도록 하 는 교육 방법은 소극적이지만 매우 중요하다. 이를 위해 어 린 시절부터 처음 경험하는 시야를 좁게 두고, 그 범위 내에 서 순전히 분명하고 올바른 개념을 가르쳐야 한다. 말하자 면, 자신의 시야에 들어온 것을 올바로 인식하게 한 이후에 야 비로소 그 시야를 점차 넓혀나가도록 해야 한다. 결과적 으로, 사물과 인간관계에 대해 아이가 지닌 개념은 여전히 제한적이고 단순하지만, 분명하고 올바른 것이다. 청년기까 지 계속 이런 방식으로 교육하는 것이 좋다. 그래서 쇼펜하 우어는 어린 시절 장편소설보다는 위대한 사람의 삶의 경험 이 담긴 자서전이나 전기를 읽을 것을 권장한다.

인간은 마흔 살이 지나 좀 더 성숙해지면 사람들과의 교제를 회피하려는 성향을 지닌다. 그때는 차라리 자신의 내적 가치에 따라 고독 속에서 자신과 어울리는 일을 찾는 것이 좋다. 그런데 일찍부터 사람 사이의 사교적 행동에 익숙하고 능숙해, 언제나 마치 준비한 듯 행동하는 젊은이들이 있다. 그것은 지적이며 도덕적인 면에서 일종의 천박함의 징후일 수 있다. 오히려 젊은 시절 사교적 관계에 대해 어색하고 어리둥절하며 서투른 태도를 보이는 자가 고상한 천성을 지니고 있음을 암시한다.

청년기는 추억을 남기는 시기이다

청년기에는 삶이 의욕에 차 있다. 이 시기엔 마치 산을 오를 때 산 너머 반대편 기슭이 보이지 않듯 삶의 끝인 죽음이 보이지 않는다. 인생은 무한히 긴 미래로 펼쳐지고, 시간이 훨씬 느리게 흘러가는 것처럼 느껴진다. 그래서 인생의 첫 사분의 일은 어쩌면 행복한 시기일 뿐만 아니라 가장 많은 추억을 남기는 긴 시기라 할 수 있다.

그 세월의 추억은 언제나 소재가 풍부해 오랜 기간 겪은 것처럼 느껴진다. 청년기에 경험한 것들은 기억 속에 생생하게 새겨지며, 나중에 추억으로 반복적으로 떠오른다. 청년기는 모든 감동적인 경험들이나 진리에 대한 순간적 직관이 생생하게 의식 속으로 들어와 정신의 결실을 맺을 수 있다. 그래서 인생에서 청년 시절 겪은 모든 경험을 어떻게 활용하는가가 중요하다.

쇼펜하우어는 36세까지의 인간 생명력을 자본의 이자로 살아가는 것에 비유한다. 젊은 사람의 생명력은 오늘 소진되어도 다시 내일 바로 생기기 때문이다. 그렇지만 36세 이후의 생명력은 마치 자신의 자본을 갉아먹는 연금 생활자의 처지와 같다는 것이다. 그래서 인간은 청춘의 힘을 아껴 써야 한다.

예를 들어, 소년 시절 올림픽 경기에서 우승하고 나중에 성인이 되어서도 우승한 사람은 거의 없다. 이는 예비 훈련으로 너무 일찍 신체를 혹사해서 성인이 되었을 때 힘이 부족하기 때문이다. 지적으로 조숙한 천재나 신동이 소년 시절에 사람들을 놀라게 하지만, 나중에 평범하게 되는 이유는 너무 일찍 머리를 혹사한 탓이다. 오늘날에도 어렸을 때 세상에 알려진 천재가 이후 성숙해서 학계에 명성이 높은 어른이 되는 경우는 드물지 않은가.

3. 늙어감과 노년

과거의 추억은 짧아진다

노년에 이르러 인생을 뒤돌아보면 짧은 과거로 느껴진다. 지금까지 살아온 인생이 길어질수록 과거의 추억은 점점 짧아진다. 마치 배가 멀리 나갈수록 해안의 사물이 점점 작아져 식별하기 어려워지는 것처럼, 지나간 세월이 길어질수록 그동안의 체험과 행위도 희미해진다. 그런데 때로는 오래전 지나간 인생의 어떤 장면이 생생하게 떠오르기도 한다. 그 장면이 우리 곁에 아주 가까이 다가와 마치 어제 일어난 일처럼 가깝게 느껴진다. 그러나 그 사이에 긴 시간은 사라져버려 전체 인생은 이해할 수 없이 짧게 느껴지곤 한다. 지난 과거가 지금과 똑같은 현재로 눈앞에 보이는 것이다.

나이가 들수록 마치 수없이 본 예술품이 아무런 감동도 주지 못하는 것처럼, 사물은 아무런 인상도 남기지 못하고 급히 지나가 버린다. 자기가 한 행위에 대해서도 금방 기억하지 못한다. 그래서 그동안 습득한 것을 다시 연습하고 지나간 일을 반추해야 한다. 그래야 우리의 지성과 기억력이 점차 망각의 늪에 빠지지 않는다.

우리 인생의 시간은 마치 굴러떨어지는 공처럼 가속도운동을 한다. 회전하는 원반 위의 모든 점은 중심에서 멀리 떨어져 있을수록 빨리 돈다. 이처럼 모든 사람도 인생의 출발점에서 멀리 떨어질수록 시간이 점점 더 빨리 흘러간다. 아이들은 놀거나 일할 때 시간의 공백이 생기면 금방 심심해한다. 청소년은 지루한 것을 참지 못해서 시간 보낼 일이 없는 것을 두려워한다. 그러나 어른이 되면 지루함이 사라지고, 백발노인이 되면 시간이 너무 짧아서 하루가 쏜살같이 지나가 버린다.

세상에 영향받지 않는다

이처럼 시간의 흐름에 가속도가 붙기 때문에 노년이 되면 대체로 지루함이 없어진다. 또한 삶에 대한 열정과 이에 따른 고통도 침묵하기 때문에, 건강이 유지되는 한 인생의 짐도 젊을 때보다 실제로 가벼워진다. 그리고 세상이 자신에게 더 이상 영향을 주지 못한다. 청년기에는 세상에 대한 관찰과 경험을 통해 얻은 인상이 삶을 지배하지만, 노년에는 사고가 지배한다. 그 이유는 대체로 노년이 되어야 비로소 충분히 축적된 구체적인 사례들을 개념에 포함해서 사고할 수 있기 때문이다. 반면 청년기에는 풍부한 상상력이 활동한다. 그의 상상력은 사물의 외양이 주는 인상으로 세계를 하나의 영상처럼 그려낸다.

인간의 정신력이 주는 최고의 생동감과 긴장은 청년기, 늦어도 35세까지 발생하며 그 이후는 감소한다. 하지만 50세를 넘어 노년기에는 사물들을 다양한 측면에서 바라보고 생각할 시간과 기회가 주어져 각각을 서로 비교하고 사물의 접촉점과 연결고리를 밝혀낼 수 있다. 그래서 모든 것이 명확해진다. 나이가 들어서야 비로소 인생의 전반적인 흐름을 삶의 입구가 아닌 삶의 출구 쪽에서 굽어보아 인생의 무상함을 통찰하게 되는 것이다.

노년기에는 판단력과 철저함이 녹아 있다. 그리고 자신의 청년기 상상력에 의한 독창적인 인식의 소재나 견해들을 자유자재로 다룬다. 마치 50세가 넘어 걸작으로 발표하는 문필가들처럼.

가면을 벗는 가장무도회의 끝과 같다

인생의 후반부는 지금까지 살아온 삶의 의미와 맥락에 대해 참된 이해를 하는 시기이다. 삶의 마지막 시기는 마치 가면을 벗는 가장무도회가 끝나가는 무렵과 같은 것이다. 그때야 비로소 자신이 살아온 모습이나 자신과 접촉해 온 사람들의 모습이 가면을 벗은 실제의 모습으로 드러난다. 특히 지녀왔던 가면과 환영이 붕괴하면서 자기 본래의 성격이 백일하에 드러난다. 이러한 가면과 환영이 벗겨지기까지는 오랜 시간이 필요하다. 우리는 인생의 끝 무렵에 가서야 비로소 자기 자신과의 관계, 특히 세상과 타인과의 관계에서 자기가 어떤 인간인지도 알게 되며, 행위가 결실을 보고, 그동안 거둔 성과가 정당한 평가를 받는다.

노년기에는 비교적 냉정해진다. 열정이 귀찮게 굴지도 않고, 명상적으로 되며, 인식은 자유토워진다. 자유로운 인식은 그 자체로 고통이 없다. 청년기는 동요의 시기이고, 노년기는 평온의 시기이다. 노년기에는 '모든 것이 헛되다'라는 생각으로 의욕이 진정되기 때문이다. 열정은 식고 감각은 자극에 둔해진다. 그러나 사물의 가치나 향유의 내용을 분명히 알게 되어 이전에 사물을 왜곡했던 착각, 환영, 편견에서 벗어난다. 비로소 모든 사물을 있는 그대로 인식하고 받아들여

‘모든 사물이 무상하다’라고 통찰하게 된다. 이렇게 되면 노인은 마음의 평정을 얻는다. 이러한 **마음의 평정이 행복의 중요한 본질적 요소라고 할 수 있다.**

노년의 건강이란

흔히 질병과 무료함이 노년의 숙명이라고 한다. 그러나 질병과 무료함이 노년기에만 있는 것은 아니다. 나이가 들수록 건강과 병도 커진다는 말이 있다. 노년기에는 고독해지기는 하지만, 그 고독에 반드시 무료함이 따라다니지는 않는다. 여기서 말하는 건강이란 정신적인 건강을 의미한다. 나이가 들수록 오히려 경험, 지식, 훈련과 숙고를 통해 세상에 대한 통찰력이 증가하고, 판단력은 날카로워지며, 사물의 연관성이 명백히 파악된다. 무슨 일에서나 전체를 간추려 개괄하는 능력이 향상된다. 그래서 오히려 지금까지 축적해 온 인식을 늘 새롭게 조합하고, 기회가 있을 때마다 조합된 인식을 풍부하게 할 수 있다. 노년에 정신을 건강하게 유지하는 방법은 자신의 가장 내적인 정신력을 충족시키며, 정신에 할 일을 주는 것이다.

노년기에는 시간이 빨리 흘러가 무료함을 별로 느끼지 못한다. 생업을 위해 필요하지 않다면, 체력은 좀 떨어져도 괜찮다. 그러나 노년기의 빈곤은 커다란 불행일 수 있다. 그래서 궁핍에서 벗어나고 건강이 유지되면 노년기 인생은 견딜 만하다. 노인의 주된 욕구는 평안함과 안정이기 때문이다. 그 때문에 노년이 되면 새로운 것을 보고 배우는 욕구 대신 자신이 축적해 온 것을 가르치고 말하려는 욕구가 생긴다. 아직 연구 의욕이 있고, 음악이나 예술을 즐기며, 외부의 것을 새롭게 받아들이는 감수성이 남아 있다면 행복할 것이다.

노년의 편안한 죽음

노년기야말로 본래 자신이 형성해 온 인격, 건강, 능력, 아름다움, 기질, 도덕성, 예지 같은 것이 가장 도움이 되는 시기이다. 재화나 명예, 지위 등은 별 의미가 없어진다. 그러나 자신의 인격을 도야하지 않고 살아온 사람들 대부분은 고령이 되면 더욱 로봇처럼 된다. 그들은 항상 같은 것을 생각하고 반복해서 말하고 행동한다. 외부로부터 어떤 인상을 받아도 더 이상 반응하지 않거나 거기서 어떤 새로운 것을 느끼지 못한다. 그런 노인에게 말하는 것은 마치 모래에 글을 쓰는 것과 같다. 그래서 많은 노인은 마치 살아있는 해골처럼, 죽

는 자처럼 보이기도 하고 납처럼 답답하고 무겁게 보이기도
한다.

그러나 나이가 들어감에 따라 기력이 없어지는 것은 물론
슬픈 일이지만, 필연적이며 고마운 일이기도 하다. 이는 편
안한 죽음을 맞이하기 위한 준비 작업으로 볼 수 있기 때문
이다. 만약 기력이 없어지지 않는다면, 죽음이 너무 힘들어
질지도 모른다.

쇼펜하우어는 고령의 90세를 넘은 사람만이 편안한 죽음
에 이를 수 있다고 말한다. 편안하게 죽어가는 과정에는 질
병도 없고, 경련과 사투도 없으며, 숨이 가쁘지도 않고, 가끔
얼굴이 창백해지는 일도 없다. 편안한 죽음은 대체로 앉은
채, 그것도 식사를 마친 다음 맞이하는 죽음, 또는 오히려 죽
는 것이 아니라 다만 살기를 멈추는 죽음이다.

대략 90세가 되기 전에 죽는 것은 그저 병에 걸려 죽게 되
는 것이므로 자연스러운 종말이 아니다. 그러나 과연 쇼펜하
우어가 이야기하는, 자연스럽고 편안한 죽음이 존재할 수 있
는가. 오늘날 의료 기술의 발달로 인한 인간의 수명 연장은
90세 이상의 나이에 편안하고 자연스러운 죽음에 이르는 것
도 어려운 일이 되었다.

● 아르투어 쇼펜하우어, 《쇼펜하우어의 행복론과 인생론》, 홍성광 옮김, 을유문화사, 2023.

● 아르투어 쇼펜하우어, 《충족이유율의 네 겹의 뿌리에 관하여》, 김미영 옮김, 책세상, 2010.

● 아르투어 쇼펜하우어, 《도덕의 기초에 관하여》, 김미영 옮김, 책세상, 2004.

● 공병혜, 〈쇼펜하우어의 의지의 형이상학에서 이념론과 예술〉, 《미학》, 제32집, 2005.

● 공병혜, 〈인간의 고통과 예술의 역할〉, 《인간연구》 29호, 2015.

● 공병혜, 〈쇼펜하우어의 예술철학과 회화〉, 《칸트연구》, 44, 2019.

● 오병남, 《미술론 강의》, 세창출판사, 2014.

● 이서규, 〈쇼펜하우어의 부정의 윤리학과 정의의 개념〉, 《철학 연구》 161, 2022.

● 수잔네 뫼부스, 《의지와 표상으로서의 세계》, 공병혜 옮김, 이학사, 2002.

● Möbuß, S., *Schopenhauer für Anfänger, Die Welt als Wille und Vorstellung*, DTV, München, 1998.

• Schopenhauer, A., *Die Welt als Wille und Vorstellung I. II*, hrsg. L. Lükehaus, Zürich, 1988.

• Schopenhauer, A., *Über die vierfache Wurzel des Satzes vom zureichenden Grunde*, hrsg. L. Lükehaus, Zürich, 1988.

• Schopenhauer, A., *Parerga und Paralipomena I*, hrsg. L. Lükehaus, Zürich, 1988.

쇼펜하우어의 사유

고통의 긍정을 통한 진정한 삶의 치유

발행일 | 2026년 4월 22일 초판 1쇄
지은이 | 공병혜
펴낸이 | 장영훈
펴낸곳 | (주)이츠북스
책임편집 | 고은경
편집 | 최지민, 구지원
마케팅 | 남선희, 김정빈
디자인 | 디자인글앤그림

출판등록 | 2015년 4월 2일 제2021-000111호
주소 | 서울특별시 강서구 화곡로 416, 1715~1720호
대표전화 | 02-6951-4603
팩스 | 02-3143-2743
이메일 | 4un0-pub@naver.com

홈페이지 | www.4un0-pub.co.kr
SNS 주소 | 페이스북 www.facebook.com/saungonggam
　　　　　　인스타그램 www.instagram.com/saungonggam_pub
　　　　　　블로그 blog.naver.com/4un0-pub

ISBN | 979-11-94531-38-8 (03100)

사유와공감은 (주)이츠북스의 출판 브랜드입니다.

사유와공감은 독자 여러분의 책에 관한 아이디어와 원고 투고를 기쁜 마음으로 기다리고 있습니다. 책 출간 아이디어가 있으신 분은 이메일 **4un0-pub@naver.com** 또는 사유와공감 홈페이지 '작품 투고'란으로 간단한 개요와 취지, 연락처 등을 보내 주세요. 여러분을 언제나 응원합니다. ☺